LA FABULEUSE AVENTURE DU

TRAIN

LA FABULEUSE AVENTURE DU

TRAIN

André PAPAZIAN

ÉDITIONS OUEST-FRANCE

INTRODUCTION

En 2004, les chemins de fer ont fêté deux siècles d'existence. Deux siècles passés à rechercher de meilleures performances, à offrir des conditions de voyage meilleures tout en développant le transport des marchandises.

Après de nombreux balbutiements, c'est sur l'initiative d'un ingénieur anglais nommé Richard Trevithick que la première véritable locomotive a vu le jour. Bien que pourvu d'idées en avance sur son temps et surtout convaincu de l'utilité de sa découverte, il ne tirera pas les subsides attendus de son invention.

Il faut attendre un quart de siècle avant que George Stephenson et son fils Robert ne donnent l'élan nécessaire aux chemins de fer. Vainqueurs d'un concours destiné à sélectionner la machine devant tracter les trains de la ligne Londres-Liverpool, ils ouvrent une ère nouvelle grâce à leur locomotive baptisée « Rocket » (Fusée). Techniquement plus évoluée et surtout capable de tracter des charges importantes, cette locomotive est la base d'un développement technologique sans précédent.

L'invention des chemins de fer répond à une attente économique pour favoriser mais surtout développer le transport des marchandises jusque-là confié à la batellerie ou à des attelages à chevaux. Les charges supérieures admises par les trains sont un atout considérable et rapidement ils se révèlent un outil de progrès efficace, car les marchandises sont aussi acheminées plus rapidement permettant d'écouler plus vite les productions stockées.

Si les bienfaits du chemin de fer sont perceptibles sur le continent européen, ailleurs dans le reste du monde son utilité séduit, encourageant la construction de nombreuses lignes dans divers pays soucieux de ne pas rater le progrès en marche. Le chemin de fer est alors synonyme de développement économique.

Au fil des ans, le voyage en train – longtemps inconfortable car moins considéré – connaît une nécessaire évolution à l'instigation de visionnaires tels Pullman ou Nagelmackers. La création de véritables palaces sur rails destinés aux « millionnaires », comme les décrit Valery Larbaud, marque un tournant dans l'histoire des chemins de fer. Parallèlement, les trains ordinaires à trois ou quatre classes connaissent une lente mais réelle mutation avec un confort en progrès relatif tout de même.

Si le confort des voyageurs est l'une des préoccupations des compagnies ferroviaires, la vitesse des trains est leur principal outil de promotion. Les premiers « lévriers du rail » qui atteignent les 90 km/h en ligne sont annonciateurs de vitesses plus élevées même si elles paraissent bien modestes par rapport à celles pratiquées de nos jours. Pour aller encore plus vite tout en consommant moins, de nombreuses locomotives à vapeur sont carénées leur conférant une allure aérodynamique, tandis que divers ingénieurs, dont Chapelon, cherchent le moyen de les rendre plus performantes et moins gourmandes en énergie.

Dans le domaine de la traction aussi l'évolution est certaine. Tandis que la traction à vapeur règne presque sans partage, un ingénieur allemand du nom de Rudolf Diesel prépare l'avenir, alors que l'électricité appliquée aux chemins de fer balbutie encore mais semble promise à un grand succès.

Mode de transport en pleine mutation, le chemin de fer connaît ses premières réelles concurrences dans les années 1920 avec la création d'importants services routiers par

Ci-dessus. Avant la création des chemins de fer, des lignes hippomobiles ont été mises en place comme ici un chemin de fer militaire à l'époque de l'Empire austro-hongrois.

autocars. La réponse appropriée pour un service plus rationnel est la création d'autorails qui ne sont au début que de simples caisses d'autocars posées sur des châssis ferroviaires. Leur utilité n'étant plus à démontrer, ces autorails vont sortir d'usines réputées souvent productrices d'automobiles comme Renault ou Fiat.

Se remettant des affres de la Seconde Guerre mondiale, les chemins de fer participent activement à la reconstruction en Europe; toutefois, le temps des nécessaires modernisations est venu, mais la rude concurrence et l'importance des moyens à consacrer placent les chemins de fer dans une période d'attentisme puis de déclin. Les fermetures de lignes jugées « non rentables » sur des critères parfois très critiquables se multiplient à l'envi pendant une bonne vingtaine d'années. D'importants réseaux secondaires sont démantelés au lieu d'être modernisés, des milliers d'engins ferroviaires envoyés à la ferraille à la hâte. Cette période coïncide avec une désertification du milieu rural, notamment perceptible en France.

Inconfortables et lents les trains des années 1960 ont depuis longtemps oublié la notion de confort. Pourtant de nouveaux matériels ont été mis en circulation mais trop de lignes ont besoin d'une modernisation pour leur permettre de s'exprimer pleinement.

La création des TEE en 1957 a cependant laissé poindre une lueur d'espoir. Des trains rapides, confortables sillonnent les plus grandes lignes d'Europe reliant entre elles les principales métropoles. C'est surtout la grande vitesse qui va donner une seconde chance aux chemins de fer. Divers pays, le Japon, la France puis l'Allemagne, l'Espagne et l'Italie ouvrent la voie de cette reconquête. Pour aller vite, la solution est simple, mais coûteuse. Il faut construire des lignes nouvelles au profil adapté et des matériels puissants capables de rouler à la vitesse commerciale maximale de 270 ou 300 km/h.

Les sombres années du déclin sont désormais du passé. Le chemin de fer sous divers aspects a retrouvé une nouvelle vocation, notamment celle du transport de masse avec les tramways et métros dans le monde. Pour réduire les nuisances et la pollution, le chemin de fer est redevenu le moyen de répondre à cette attente. Le tram-train, capable de rouler en ville mais aussi en banlieue, est sans nul doute un outil de progrès appelé à un grand devenir dans les décennies futures car sa souplesse d'utilisation lui garantit diverses réalisations.

Parallèlement, le fret ferroviaire de plus en plus délaissé au profit de la route est appelé à une reconquête lui aussi. Le principe de l'autoroute roulante, qui consiste à transporter des camions pour éviter la saturation des grands axes routiers, mais aussi le développement des trains de conteneurs sont autant de facteurs positifs pour un domaine bien attaqué par une rude concurrence.

Le siècle en cours va connaître un renforcement général des chemins de fer dans le monde. Longtemps délaissées ou mal adaptées, les liaisons entre les métropoles et leurs banlieues ont connu un développement très important qui n'a pas encore atteint l'ampleur définitive. Si la grande vitesse est un signal fort du renouveau des chemins de fer dans le monde, la recherche d'une meilleure qualité de vie est aussi un atout de plus.

Confortable, sûr et performant le chemin de fer moderne n'a plus rien à voir avec les trains de nos grands-parents. Le folklore du voyage d'autrefois y a perdu c'est certain, mais c'est à ce prix qu'il a pu se transformer pour devenir un acteur majeur du développement économique et un moyen de déplacement efficace.

Mal conçues, les locomotives de la série T 1 type 2222 de la compagnie du Pennsylvania Railroad, livrées en 1942, ne sont restées en service qu'une dizaine d'années durant.

La TRACTION à VAPEUR

LES DEBUTS

L'histoire des chemins de fer dans le monde débute au XVIIIe siècle sous la forme de petits wagonnets tractés par des chevaux et il faut attendre le début du XIXe siècle pour qu'un ingénieur anglais du nom de Richard Trevithick mette au point ce qui peut être considéré comme la véritable première locomotive.

C'est en 1803 qu'il débute la construction d'une machine ambulante destinée à tracter des wagonnets sur rails en bois au pays de Galles. Achevée en 1804, cette première locomotive est le point de départ d'une formidable aventure qui fête ses deux siècles d'existence. Celle-ci tracte sur un parcours de 15 km des tombereaux chargés de 10 tonnes de minerai et soixante-dix volontaires qui ont pris place à bord de ces inconfortables wagonnets. Ce premier train de l'histoire effectue le parcours en 4 heures et 10 minutes démontrant des aptitudes insoupçonnées jusqu'alors.

Bien loin de la forme classique d'une locomotive à vapeur, l'invention de Trevithick est le premier engin sur rails capable de tracter des masses importantes et cette découverte ouvre des perspectives sur le plan industriel.

Cette révolution technologique est la première étape du développement économique de divers pays européens. Mais comme pour la plupart des inventions, les détracteurs sont nombreux pronostiquant des maux divers tant aux voyageurs qu'aux animaux dans les champs. De sérieux professeurs prédisent mille désagréments d'importance allant jusqu'à considérer cette invention comme préjudiciable à une bonne santé !

Il est vrai que le développement du chemin de fer – entre-temps les rails en bois ont été remplacés par du fer – concurrence sévèrement la batellerie et les diligences. Bien que divers ingénieurs comme Blenkinsop, Blackett ou encore Brunton étudient des variantes avec plus ou moins de succès, il faut attendre un bon quart de siècle avant que la locomotive à vapeur ne soit améliorée pour devenir enfin fiable. Entre-temps, la « locomotion » due à Stephenson a fait ses premiers tours de roues en 1825 entre Stockton et Darlington mais sans convaincre.

C'est à l'occasion d'un concours en 1829 destiné à sélectionner la machine devant desservir une ligne en construction que George Stephenson et son fils Robert mettent au point la « Rocket ». Celle-ci est munie d'une chaudière tubulaire, une technique élaborée par le Français Marc Seguin dès 1827. Le règlement prévoit une vitesse maximale de 10 miles à l'heure, soit 16 km/h, pour des engins capables de transporter trois fois leur poids en « consommant leur propre fumée », les organisateurs voulant sans doute parler de vapeur.

Bien que concurrencée par la « Sans-Pareil » due à l'ingénieur Hackworth ou la « Novelty » de Braithwaite et Ericsson, c'est la « Rocket » qui l'emporte. En roulant à 56 km/h, elle établit le tout premier record du monde du chemin de fer. Cependant, il s'en est fallu de peu que la « Novelty » ne soit désignée comme vainqueur de la compétition ; las, après avoir roulé à 50 km/h, elle a explosé et les tentatives de remise en état se soldent par un échec.

La ligne Liverpool-Manchester est donc confiée aux machines des Stephenson qui vont développer leur modèle en augmentant par exemple le nombre de tubes dans la chaudière. Perfectionnée, la machine des Stephenson devient un succès commercial en s'exportant et participant à l'ouverture de diverses lignes ferroviaires en Europe et en prenant part au démarrage des activités ferroviaires de nombreux pays.

Ci-contre. La première locomotive de Trevithick a tracté des wagonnets chargés de minerai et de volontaires.

Ci-dessus. Une reconstitution de la locomotive « Rocket » participe à des manifestations publiques comme ici à Cannes en France lors d'une exposition de modélisme ferroviaire.

Ci-dessus.
De type 111, cette locomotive a été mise en service en 1837 en Autriche. La photographie montre une reproduction présentée au musée des Techniques de Vienne.

LA VAPEUR

Lorsque l'on parle de locomotive à vapeur, il est difficile de ne pas évoquer les noms de ceux qui ont accompagné le progrès technique dans ce domaine. C'est Denis Papin qui met en évidence la force se dégageant de la vapeur et c'est l'Anglais Newcomen qui la domestique au profit de ses mines de charbon en 1712. Le temps passe ensuite, puis le « fardier » de Cugnot met en lumière l'utilisation possible de la vapeur comme mode de traction.

Il faut souligner que dans les premières années d'existence des chemins de fer, l'on parle plus volontiers de « remorqueur à vapeur » que de locomotive.

Ci-contre. Première locomotive tubulaire construite par Marc Seguin en France pour le chemin de fer de Saint-Etienne à Lyon.

UN ESSOR DANS LE MONDE ENTIER

Le vieux continent s'ouvre rapidement à la construction de lignes ferroviaires ; parmi les pays gagnés à ce mode de transport se trouvent la France qui connaît sa première circulation entre Saint-Etienne et Andrézieux en 1827, l'Irlande (1834), l'Allemagne (1835), la Belgique (1835) et l'Autriche en 1837.

Si en Europe le chemin de fer intéresse divers pays, aux Etats-Unis il a commencé aussi à séduire. En 1827, la compagnie du Baltimore-Ohio a ouvert sa première ligne à traction animale pour se convertir à la locomotive à vapeur en 1833. Trois ans plus tard, le Canada et en 1837 Cuba inaugurent leur première ligne de chemin de fer. En Afrique, c'est en Egypte qu'une ligne à voie métrique est créée en 1858 au départ du Caire vers Alexandrie et Suez. L'Australie connaît sa première circulation ferroviaire en 1850 tandis que c'est en Inde, en 1852, que la ligne Bombay-Thana est inaugurée.

Si le monde entier se couvre de réseaux ferroviaires, notamment en Europe mais aussi aux USA, la demande a engendré la naissance de multiples constructeurs de locomotives. Ainsi les « Crampton » et autres « Buddicom » deviennent rapidement des machines incontournables tandis que les dizaines d'usines spécialisées se livrent une rude concurrence pour décrocher les marchés des pays sud-américains ou asiatiques.

Outre la constitution de grands réseaux, diverses lignes d'intérêt local voient le jour un peu partout en Europe, généralement à voie étroite et en correspondance des lignes à voie normale. La traction à vapeur règne sans

USA :
UN TIERS DU RESEAU MONDIAL

Si, rapidement, les USA se sont convertis au chemin de fer, c'est la guerre de Sécession en 1861 qui va démontrer son éclatante utilité. Deux ans plus tard, le gouvernement décide la construction d'une ligne est-ouest. Celle-ci est achevée en 1869.
Le développement est tel que plus de 112 000 km de lignes sont posés dans les années qui suivent. Ainsi, au début du XXe siècle, le réseau ferroviaire nord-américain représente plus du tiers du réseau mondial !
La concurrence, bien qu'encore à l'état primitif, va se manifester sous la forme des premières automobiles construites par Henry Ford tandis que les frères Wright font voler leur premier aéroplane.

Ci-dessous.
Les locomotives américaines type 220 sont apparues à partir de 1855.

partage sur cet ensemble qui prend une ampleur sans précédent au début du XXe siècle. Les carnets de commandes des usines spécialisées dans la construction ferroviaire sont pleins et vont le rester fort longtemps.
Si, fondamentalement, la forme de la locomotive à vapeur évolue au fil des ans, son principe de base va rester en vigueur jusqu'aux dernières constructions réalisées en Chine à la fin des années 1980 ! Toutefois, elle ne prend cependant sa forme définitive qu'au début du XXe siècle après diverses modifications et améliorations.

Ci-dessus. Mises en service en 1897, ces locomotives du type « Mallet » à voie métrique ont roulé en service normal sur les lignes du Harz (Allemagne) avant de poursuivre leur carrière assurant la traction de trains spéciaux.

Ci-dessous. Une locomotive ex-Pacific de 1917 transformée en 230 pour le compte de la compagnie Frisco Lines (Etats-Unis).

1067

Ci-contre. Cette automotrice à vapeur construite en 1914 pour la compagnie du Régional du Val de Travers (Suisse) fait partie aujourd'hui de la belle collection présentée au musée des Transports de Lucerne.

Page de gauche. Livrée en 1910, cette 030 T à voie métrique a circulé sur la ligne du Brünig en Suisse jusqu'à l'électrification de la ligne. Cette locomotive historique roule en affrètement.

Ci-contre. D'origine prussienne, cette « P8 » construite en 1917 a eu une seconde existence sur les lignes polonaises. Elle fait partie des locomotives préservées à titre historique.

Ci-dessous. Construite à partir de 1908, cette série de locomotives type 130 en service au Chili a connu une longévité exemplaire avec plus de quatre-vingts années de bons services. L'une d'elles tracte un train local entre Victoria et Lonquimay.

LES GRANDES ANNEES DE LA VAPEUR

Incontestablement, les plus grandes années de la traction à vapeur se situent à la fin des années 1920 et au cours de la décennie suivante. De grandes entités se sont formées pour répondre à la demande croissante en locomotives neuves grâce à un réseau ferroviaire qui a gagné en importance sur tous les continents. Si certaines usines sont spécialisées dans la construction de machines à voie étroite, d'autres n'hésitent pas à proposer une palette diversifiée avec des machines tenders ou des locomotives de vitesse.

Le meilleur rendement des locomotives à vapeur permet d'augmenter les charges remorquées et surtout la vitesse des trains, qui reste l'une des préoccupations majeures des compagnies. La réduction des temps de trajet est l'un des éléments majeurs de la promotion déjà à cette époque. On parle alors de trains de vitesse notamment à la célèbre Compagnie du Nord en France.

Les locomotives des grandes lignes des années 1930 sont de véritables coursiers sur rails roulant allègrement à 120 km/h comme les belles 241 A en France ou encore les « Pacific » série 01 de la DRG en Allemagne.

L'une d'elles se singularise en battant le record mondial de vitesse en 1936. La « Mallard » fait partie d'une série de locomotives prévues pour rouler à 160 km/h en service commercial entre Londres et Newcastle.

Pendant de nombreuses années, des ingénieurs de talent comme André Chapelon, considéré par les Anglais comme le « génie de la traction à vapeur », œuvrent pour rendre les performances des locomotives à vapeur encore meilleures. Ils cherchent à réduire sensiblement les besoins énergétiques, le charbon, tout en accroissant leur autonomie en ligne. Diverses améliorations permettent des transformations de locomotives mais la Seconde Guerre mondiale ferme brutalement tous les bureaux d'études.

Ci-contre. La série 01 de la Deutsche Reichsbahn Gesellschaft, de type « Pacific », a été mise en service en 1926. La 01.150 existe encore de nos jours et fait partie du matériel historique maintenu en état de marche.

Page de droite. La 231 K 58 de la SNCF de type « Pacific », provenant de la transformation d'une machine d'origine PLM, manœuvre en gare de Boulogne Maritime.

Ci-dessous. Appartenant à la célèbre série des « Pacific Chapelon », la 231 E 17 approche de Paris en tête d'un train rapide à la fin des années 1950.

EXPRESS EUROPEENS
SLEEPING - CAR
COMPAGNIE INTERNATIONALE DES WAGONS - LITS
VOITURE - RESTAURANT
HAVAS
COACHES

Ci-contre. Cette machine tender de type 132 des Chemins de fer portugais (CP) a été construite en Suisse dans les années 1920.

Ci-dessous. Vue au musée de Carnforth (Grande-Bretagne), la 4498, une « A4 » construite en 1935 et baptisée « Sir Nigel Gresley », stationne aux côtés de la 4472 datant de 1923. Elles sont toutes deux en état de marche.

Locomotives « Pacific et Mountain »

Le système White classifie les locomotives à vapeur selon une terminologie spécifique – mais non officielle – qui est ajoutée à la configuration numérique ; ainsi une 231 est dite du type « Pacific ». Voici la liste résumée des termes employés le plus souvent en la matière :

- American : 220
- Atlantic : 221
- Ten Wheel : 230
- Pacific : 231
- Baltic : 232
- Mastodon : 240
- Mountain : 241
- Consolidation : 140
- Decapod : 150
- Mikado : 141
- Mogul : 130
- Prairie : 131

Ci-dessus. Cette locomotive allemande 50.3666, construite dans les années 1940, est une 150, soit du type « Decapod ». Elle fait partie des engins préservés à titre historique.

Ci-dessus. A voie métrique, cette « Mikado », soit le type 141, construite en 1918 en Allemagne a circulé en Syrie.

Ci-dessus. Une locomotive du type Mountain, la 241 A 65 de la SNCF. Longtemps préservée hors service, elle a été restaurée pour reprendre du service en affrètement.

Ci-dessous. De type 230, cette locomotive de la Compagnie du Nord est donc une « Ten Wheel ».

LE DECLIN

Stoppées net dans leur élan par le dur conflit 1939-1945, les recherches de meilleures solutions techniques pour la traction à vapeur ne peuvent se manifester de façon tangible bien que divers résultats soient exploitables. Mais les préoccupations sont ailleurs, alors les compagnies s'efforcent de rouler avec le matériel disponible et réparent au plus vite les unités pas trop abîmées par la guerre. Les possibilités de rendement d'une locomotive à vapeur et ses performances restent en deçà des espoirs reconnus lors des expérimentations.

Le chant du cygne de ce mode de traction se situe au début des années 1950 même si de nouvelles locomotives vont faire leur apparition. Leur défaut majeur est leur conception qui repose sur des techniques déjà anciennes, ce qui les condamne à moyen terme. C'est le manque chronique d'engins de traction qui conduit à cette solution de facilité, car pour redémarrer l'économie les chemins de fer sont sollicités de manière intensive. La construction étant réalisée rapidement, la mise en service de locomotives à vapeur dans les années 1950 est une solution transitoire, car les compagnies ferroviaires sont dans l'attente d'engins autres. Par ailleurs, la traction diesel a démontré des qualités évidentes aux Etats-Unis et intéresse au plus haut point les exploitants ferroviaires. En Allemagne de l'Ouest et en Espagne de nouvelles machines entrent en service. De l'autre côté du « rideau de fer », dans les pays de l'Est, la vapeur loin de régresser reste un élément vital du parc de tractions. La motorisation individuelle n'étant pas tant développée que dans les pays de l'Ouest, les chemins de fer restent le principal transporteur tant sur le plan des voyageurs que des marchandises. Aussi, les besoins sont élevés et les commandes en matériels neufs conséquentes.

En Pologne, où le charbon est abondant, le manque de locomotives oblige à recourir à la locomotive à vapeur pour la traction des trains avec l'arrivée massive de plusieurs centaines d'unités en peu de temps. La Tchécoslovaquie mais aussi l'URSS mettent en place des programmes de construction au milieu des années 1950. En Chine, la production de locomotives à vapeur se poursuit à grande échelle et va continuer une bonne trentaine d'années encore jusqu'au milieu des années 1980.

Tandis que la vapeur reste encore vivace en Europe, en Afrique du Sud des locomotives, conçues selon le principe de Garratt et munies d'un tender spécial allongé, entrent en service.

Si en Europe les dernières circulations régulières se situent dans les années 1980 et en Afrique un peu plus tard, la traction à vapeur en roulement commercial a disparu. Elle est surtout employée aujourd'hui en service historique par le monde associatif des amateurs mais aussi lors de tournages de films ou pour la télévision.

Ci-dessous. Bien que prônant l'introduction massive d'engins diesels sur les lignes non électrifiées, la DB prend livraison à partir de 1953 d'une ultime série de locomotives à vapeur, la série 23 de configuration 131. La 23.105, dernière unité livrée, a été préservée de la démolition et fait partie du matériel affecté au musée de Nuremberg.

Ci-contre. De type 242, la série 25 sud-africaine comportait des machines pourvues d'un condenseur, les 25 C, et d'autres non pourvues, les 25 NC. Livrée à partir de 1953, la série complète va comprendre 140 unités. La photographie montre deux 25 C en tête d'un lourd train de marchandises.

Ci-contre. Venant de Tchécoslovaquie, au temps où le « rideau de fer » séparait les deux blocs politiques de l'Europe, cette locomotive mise en service en 1952 tracte ce court train de voyageurs à destination de Vienne jusqu'à la gare frontière de Gmünd (Autriche).

Ci-dessous. Livrée à plus de 1300 exemplaires à la SNCF, la série des 141 R a été employée tant en service marchandises qu'en tête de trains de voyageurs.

Ci-contre. Construite en 1954, cette locomotive fait partie d'une série de dix-sept unités mises en fabrication par la RDA pour moderniser ses voies étroites, notamment le réseau du Harz.

Ci-dessous. D'inspiration américaine, la série WP des Chemins de fer de l'Inde est apparue en 1946 sous la forme de seize prototypes. Donnant satisfaction, ces locomotives sont mises en fabrication jusqu'en 1967 pour former un groupe de 755 unités.

LA VAPEUR AVAIT-ELLE ENCORE UN AVENIR ?

De nombreux ingénieurs ont démontré avec brio que les locomotives à vapeur pouvaient offrir de meilleurs rendements tout en économisant l'énergie fort coûteuse. Les essais réalisés par André Chapelon ont clairement souligné l'impérieuse nécessité de moderniser les locomotives à vapeur existantes tout en faisant construire des machines plus modernes et moins gourmandes en énergie. Mais la tendance vers l'emploi généralisé de la traction diesel et les vertus de l'électricité ont mis à mal les projets de nouvelles locomotives condamnant irrévocablement la traction à vapeur. Le sursaut des années 1950 et 1960 pouvait laisser espérer un regain de faveur. Récemment, une ancienne locomotive à vapeur des années 1940 a subi une complète modernisation en Suisse dans les ateliers de la société DLM pour devenir l'unité la plus performante de l'histoire de ce mode de traction. Cette opération prouve que la modernisation de la traction à vapeur n'était pas un leurre. Cette disparition programmée démontre que les choix se sont effectués de manière politique et surtout économique.

Ci-contre. Des locomotives à vapeur ont été construites en Chine jusqu'au milieu des années 1980, bien que la modernisation de l'immense réseau ferroviaire ait été accompagnée par la livraison de très nombreuses locomotives diesels ou électriques.

Ci-dessous. Faisant partie des locomotives d'inspiration américaine livrées à la Turquie après la Seconde Guerre mondiale, la série 46 de type Mikado est restée en service pendant une bonne trentaine d'années.

La TRACTION DIESEL

EVOLUTION

Ayant séduit d'emblée la marine et l'automobile puis l'aviation, le moteur diesel a du mal à s'imposer sur le plan ferroviaire. C'est la Première Guerre mondiale qui va lui donner un essor inattendu. Sur les fronts, les trains de campagne destinés à l'acheminement des munitions, des pièces légères d'artillerie mais aussi des troupes fraîches sont tractés par des locomotives à vapeur. Les aéroplanes militaires les repérant de loin, la solution de trains mus par des engins à moteur diesel devient une solution adaptée.

Rudolf Diesel, un ingénieur allemand, a pourtant officiellement présenté son invention en 1897 à Kassel. Il était alors confiant et déterminé mais son moteur n'intéresse que timidement les compagnies ferroviaires. La traction à vapeur est quasi dominante et l'application de l'électricité au chemin de fer n'est encore qu'une utopie.

Si la Première Guerre mondiale est une sorte de tremplin pour cette technique, le moteur diesel trouve un second terrain d'exploitation dans les mines où la traction à vapeur présente des inconvénients, en partie résolus par l'emploi de machines sans foyer. C'est toutefois la concurrence naissante de l'autocar qui donne l'élan nécessaire au moteur diesel. La notion de rationalisation prend son sens sous la forme d'autorails dans les années 1930. Diesel, décédé bien avant, ne verra jamais l'aboutissement de son œuvre sur le plan ferroviaire. L'adaptation de caisses d'autocars sur rails appelées automotrices à l'origine, puis la construction de véritables autorails munis du moteur diesel vont ouvrir des perspectives nouvelles et permettre une

Ci-dessous. Résultat de la coopération entre les Etablissements Billard et la compagnie CFD qui exploite divers réseaux à voie étroite, l'autorail A 80D, léger et rapide, fait son apparition en 1937. Cet engin, préservé, circule sur le « Mastrou » entre Tournon et Lamastre.

exploitation plus rentable de lignes secondaires. Les besoins sont importants, aussi certains constructeurs comme Billard à Tours (France) vont développer une gamme d'autorails de types et d'écartements divers. Comme les besoins en machines de manœuvres sont aussi importants, le locotracteur mû par un moteur diesel commence à s'implanter dans les gares et les triages.

En Allemagne, la Deutsche Reichsbahn Gesellschaft (DRG) fait construire un prototype à bielles destiné à la réalisation d'une future série d'engins diesels. Mise en service en 1929, sa carrière est brève et elle est réformée en 1935 sans avoir totalement donné satisfaction.

Le phénomène concerne l'Europe et plus timidement les autres continents qui restent généralement fidèles à la traction à vapeur, souvent faute de mieux. Bien que les besoins soient à la hausse, la production reste limitée jusqu'à la fin de la Seconde Guerre mondiale. Hormis quelques locomotives de ligne, locotracteurs mais surtout des autorails, la traction diesel n'a pas encore connu ses heures de gloire.

Ci-dessus. La Compagnie de l'Est s'est dotée à partir de 1935 d'autorails construits par De Dietrich capables d'assurer des liaisons express.

Ci-dessous. A la demande de la DRG, une locomotive diesel prototype à bielles de type 2C2 est construite pour effectuer des essais. Elle entre en service en 1929 mais n'aura pas de descendance importante.

Ci-dessus. Construit par Renault, cet autorail à voie métrique type ABH a été livré en 1935. Il a roulé sur la ligne Nice-Digne des chemins de fer de Provence.

Ci-dessous. Si les lignes à voie étroite ont été rationalisées par l'arrivée d'autorails, en voie normale l'introduction de ce type d'engins a aussi permis une exploitation plus rationnelle. Cet engin à deux essieux est la propriété de la compagnie austro-hongroise GySEV.

Ci-dessus. Commandés par la compagnie du PLM, les locomoteurs série 4DMD ont débuté leur carrière en 1938 pour le compte de la SNCF.

Ci-dessous. Cette locomotive diesel de type BB à voie de 0,760 m est entrée en service en 1930 sur le chemin de fer de Mariazell (Autriche). Elle a dépassé les cinquante années de service avant d'être réformée.

Ci-contre. Plusieurs locomotives série SD 40 de la compagnie Santa Fe tractent ce long convoi de marchandises. La série a débuté sa carrière en 1972.

UN MODE DE TRACTION APPRECIE

Les années 1950 vont ouvrir la voie d'un essor sans précédent. Les constructeurs ont compris l'enjeu et se sont reconvertis produisant des locomotives en plus grand nombre. Aux Etats-Unis, la traction à vapeur commence à être remplacée par le diesel depuis une dizaine d'années déjà et le continent européen suit le mouvement. Si la traction électrique est aussi en plein essor, les grandes heures de la traction diesel se situent pendant les années 1960 et 1980. Les compagnies ferroviaires se dotent de séries variées et de plusieurs centaines de locomotives neuves. Ainsi en Allemagne de l'Ouest, la DB reçoit près de 800 unités de la série V 160 et son homologue de RDA, la DR, prend livraison de plus de 700 locomotives russes de type CC. L'électrification poussée de divers réseaux freine l'expansion de ce mode de traction sauf dans les pays en voie de développement. Il est vrai qu'entre-temps, le choc pétrolier de 1973 a milité pour la limitation du diesel en matière ferroviaire aussi. Aux USA et en Chine, le renouvellement se poursuit régulièrement dans des pays où la traction électrique n'est pas encore devenue l'alternative.

Il est utile de préciser que les entreprises de renouvellement et d'entretien des voies sont dotées de locomotives diesels, acquises d'occasion auprès de diverses compagnies.

A la fin du XXe siècle, le parc mondial de locomotives diesels avoisinait les 140 000 unités dont près de 20 000 aux Etats-Unis et un peu plus de 25 000 sur le continent européen. La libéralisation des chemins de fer va donner un souffle nouveau et des constructeurs ont élaboré de nouvelles familles de locomotives diesels car l'électrification des lignes – fort coûteuse – est maintenant réduite et ne concerne que des axes à très fort trafic ou des lignes nouvelles. Le renouveau serait-il enfin d'actualité pour ce mode de traction ?

Ci-contre. Construite à plus de 500 unités entre 1968 et 1979, la série 218 de la DB est encore active. La photographie montre l'une d'elles évoluant en gare de Lindau (Allemagne).

Ci-contre. D'inspiration américaine, les A1A-A1A de la série CC 65500 de la SNCF (ex-060 DA) longtemps employées en service fret sont aujourd'hui destinées aux trains de chantier. La photographie montre la 060 DA 31 à Valenton à la fin des années 1950.

DIESEL, UN NOM PROPRE DEVENU COMMUN

Né à Paris en 1858, Rudolf Diesel est un ingénieur allemand dont le nom de famille va devenir au fil des ans un nom commun. Il publie en 1893 un traité dont le titre est Théorie et construction d'un moteur thermique rationnel, destiné à supplanter la machine à vapeur et les autres machines à feu connues aujourd'hui. C'est tout un programme qui marque sa volonté de doter le monde ferroviaire aussi de son invention. Las, c'est plutôt la marine et l'industrie qui sont ses premiers clients. Critiqué par le Collège des Savants, il présente son moteur à Kassel en 1897. Bien que la firme suisse Sulzer se montre intéressée par le moteur diesel, l'application de cette invention reste limitée. Il disparaît lors d'une traversée en bateau entre Anvers et l'Angleterre en 1913 sans connaître de son vivant l'expansion de son invention.

A gauche. Livrée à la SNCF à partir de 1967, la série CC 72000 est employée tant en service fret que voyageurs. Ici la 72040 arbore une livrée dite « multiservices » depuis son passage en révision générale.

A droite. L'une des plus récentes séries européennes est matérialisée par les BB 2016 des ÖBB mises en service en 2002/2003. Arborant le nouveau sigle autrichien, elle quitte la gare d'Unzmarkt (Styrie).

DES GRANDS NOMS DE L'INDUSTRIE

L'histoire de la traction diesel est peuplée de grands noms de l'industrie tels General Motors aux USA, Fiat, Renault en Europe. Délaissée pendant plusieurs années, la traction thermique intéresse de nouveau les constructeurs et Bombardier, Alsthom ou Vossloh (ex-MaK) proposent aujourd'hui divers modèles de locomotives de ligne. Parallèlement, le renouveau de l'automoteur se traduit également par la construction de nouvelles séries principalement fournies par les firmes Alstom ou Stadler.

DES ENGINS POUR LA MANŒUVRE

Parallèlement au développement de la locomotive diesel de ligne, le locotracteur ou locomoteur – plus puissant – gagne aussi en nombre à la faveur du remplacement progressif des locomotives à vapeur destinées à ce type de travail.

Pour la mise au garage des trains de voyageurs ou pour le triage des wagons de marchandises, les compagnies ferroviaires se dotent d'importantes séries de locotracteurs. Réalisés en grand nombre, certains types sont aussi prévus pour la circulation en ligne à la tête de convois légers notamment sur les lignes secondaires tant en service marchandises que voyageurs ; c'est le cas en Autriche ou encore en Turquie où au cours des années 1960 il est fréquent de les voir tracter de courtes compositions voyageurs. Dans cette catégorie figure la série V 60, de type à trois essieux moteurs accouplés par des bielles, qui est développée en Allemagne à plus de 900 exemplaires. Elle va connaître une importante descendance notamment en Grèce et dans les pays nordiques puis une réutilisation d'occasion dans divers pays. D'autres types, comme les BB 63000 en France construites à plus de 850 unités, sont équivalents à de véritables locomotives de ligne et rendent des services appréciables également au service des manœuvres.

Les grandes heures des locomotives de manœuvre appartiennent au passé ; la réduction des triages, les fermetures de lignes et les besoins réduits sur le plan voyageurs ont chassé un grand nombre de locotracteurs. Certains ont pu continuer de servir sur des réseaux industriels ou pour le compte d'usines équipées d'embranchements particuliers. D'autres ont été reconvertis et ne servent plus qu'à l'intérieur des dépôts ou ateliers de réparation des réseaux.

Si la traction à vapeur connaît une belle carrière pour le compte de réseaux industriels, la traction diesel se substitue à elle également au cours des années 1970. Il est fait appel soit à des engins neufs auprès de la société Moyse spécialisée dans la fourniture d'engins de ce type, soit à des locomoteurs ou locotracteurs rachetés d'occasion. Il est donc fréquent de retrouver sur de courtes lignes d'usine des engins autrefois en service à la SNCF en France ou à la DB en Allemagne.

Ci-dessous. D'origine allemande, ce locotracteur appartenant à la compagnie privée autrichienne Graz-Köflacher Eisenbahn a été construit en 1938. Sa cabine de conduite n'est pas d'origine et a bénéficié d'un espace supplémentaire.

Ci-dessus. Construits entre 1970 et 1978, les locotracteurs Tm IV des CFF sont de type B et peuvent circuler à la vitesse maximale de 60 km/h.

En haut, à gauche. Ce locotracteur série 333 de la DB (Allemagne) évolue en gare de Schwäbisch-Hall. Cette série est en voie d'extinction sur les lignes de la compagnie nationale mais retrouve une seconde jeunesse auprès des compagnies privées.

Ci-contre. Racheté à la DB, ce locotracteur appartient à la compagnie privée MWB et manœuvre des wagons en gare d'Amstetten sur la ligne Stuttgart-Ulm (Allemagne).

Ci-dessous. Un locotracteur de la compagnie BVZ, d'origine française et mis en service en 1975, manœuvre un wagon de marchandises en gare de Viège.

Des « Yo-Yo » en France

Les locotracteurs tiennent une place particulière dans le monde ferroviaire. En France, le jargon cheminot les qualifie de « Yo-Yo » en raison de leurs incessants va-et-vient. Il est vrai que leur fonction essentielle est de conduire les trains aux garages et de chercher d'autres convois pour les conduire en gare. On peut donc les voir plusieurs fois par jour dans une même gare. Cette dénomination, bien que très imagée, s'applique bien à leur fonction quotidienne faite de continuels allers et retours. Ce qui n'est pas toujours le cas dans le jargon spécifique aux chemins de fer.

Ci-dessus.
Plusieurs séries de locotracteurs stationnent au dépôt de Saint-Pierre-des-Corps, avec au premier plan l'Y 8001 livré en 1977 et l'Y 7869 d'une importante série mise en service entre 1963 et 1972. Toutes deux arborent la livrée « manœuvres » de la SNCF.

En bas, à gauche.
Livrée à partir de 1950, la série C 61000 à bielles a quitté le service actif depuis une vingtaine d'années. Quelques exemplaires connaissent une seconde carrière sur des lignes musées.

Ci-dessous. Mise à quai de la rame devant assurer un train Tours-Caen. C'est le Y 8333 qui officie. La série est entrée en service entre 1977 et 1990.

Ci-dessus. Faisant partie d'un vaste programme de construction d'autorails pour la SNCF, la série X 3800, forte de 251 unités, est apparue en 1950 ; elle a connu une belle carrière. Les derniers éléments valides ont circulé entre Charleville et Givet.

Ci-dessus. Construit en 1957, cet autorail Fiat série ALn 772 marque l'arrêt en gare de Enas en Sardaigne (Italie). La série a été réformée.

AUTORAILS ET AUTOMOTEURS

L'introduction des autorails au début des années 1930 est une étape importante de l'essor de la traction diesel en Europe puis par la suite dans le monde entier. Si, en France, on les affuble bien vite du surnom de « michelines », les autorails sont la réponse adaptée à une concurrence routière en plein devenir. Entre-temps, il a perdu son allure d'autocar et connaît un essor important en milieu rural où son emploi est plus rationnel qu'un train composé d'une locomotive et de plusieurs voitures. Pouvant tracter des remorques en cas d'affluence, l'autorail est sans aucun doute le sauveur de nombreuses lignes secondaires. De grands noms de l'automobile – Renault en France et Fiat en Italie – n'hésitent pas à se doter de chaînes de fabrication d'autorails car les marchés deviennent lucratifs.

Au lendemain de la Seconde Guerre mondiale, alors que les besoins en matériels neufs sont importants mais les moyens limités, en Allemagne un véritable autocar sur rails dénommé « Schienenbus » voit le jour en un temps record. De faible coût d'achat et d'entretien, ce type d'autorails à deux essieux devient un succès sur le plan national (900 unités) mais aussi à l'exportation avec des unités vendues en Autriche (ÖBB-GKB), en Espagne (RENFE), au Portugal (CP), en Yougoslavie (JZ) et au Luxembourg (CFL).

En France, la SNCF fait réaliser, à partir de 1950, un vaste programme d'autorails et automoteurs

Ci-dessous. D'origine italienne et produit par Fiat, cet autorail argentin a été photographié à Buenos Aires.

Ci-dessus. La série 611 de la société DB Regio (Allemagne) est composée d'automoteurs doubles pendulaires. Ces deux rames sont prêtes au départ en gare de Lindau et sont à destination de Basel Bad.

Ci-dessus. Composée d'automoteurs doubles ou à trois éléments, la série X 72500 de la SNCF assure des prestations entrant dans le cadre des relations TER.

« Picasso » à une caisse et poste de conduite excentré et placé sur le toit. En Italie, les FS nationaux mais aussi diverses compagnies privées se dotent d'autorails conçus par Fiat. Si l'autorail connaît un essor sur les lignes à voie normale, les réseaux à voie étroite encore actifs se dotent aussi d'autorails, soit de récupération provenant de réseaux fermés, soit d'engins neufs. En France, des autorails à voie métrique construits par Renault et Billard donnent un sérieux coup de jeune à divers réseaux comme celui du Vivarais ou en Bretagne.

La création des trains Trans-Europ-Express (TEE) est marquée par l'acquisition d'automoteurs – des autorails à plusieurs caisses – par la SNCF (Rames à Grand Parcours), la DB (VT 601) ou les FS en Italie.
Bien que la palette d'autorails se développe un peu partout en Europe (Autriche, Pays-Bas), ailleurs l'emploi de ce type d'engins reste plus limité, les nombreuses fermetures de lignes dans les années 1960 et 1970 réduisant leur emploi et leur nombre allant en diminuant.
La revitalisation des services régionaux entamée dans les années 1980 donne un nouvel élan à l'autorail et à l'automoteur. Pour assurer de meilleures relations ferroviaires, les compagnies nationales se dotent de nouvelles séries, plus performantes et surtout plus confortables. Sortant de sa vocation initiale, l'automoteur devient à nouveau un outil sur le plan des relations à moyenne distance et d'importantes séries, comme les X-TER de la SNCF en France, sont mises en service. En Allemagne, la multiplication des opérateurs ferroviaires donne l'occasion à divers constructeurs de mettre au point de nouvelles séries, comme les autorails « Regio Shuttle » avec plus de 300 unités en service répartis en une trentaine d'utilisateurs.
Perdue de vue de nombreuses années durant, la technique de pendulation trouve une seconde jeunesse en Allemagne où la DB se dote de trois séries d'automoteurs neufs (VT 610/611/612). Elle permet un gain de temps appréciable en roulant plus vite sur des lignes sinueuses.
La prise de conscience de l'utilité des services ferroviaires a favorisé l'essor sans précédent de l'autorail. Il revient en force tout en devenant incontournable. Son retour est aussi perceptible sur des lignes rouvertes au trafic des voyageurs.

Ci-dessous. La série 41 de la SNCB (Belgique) livrée à partir de 2000 est composée d'automoteurs doubles. Ils ont apporté un sang neuf à diverses relations régionales mais aussi express. Le parc a été doté de 96 unités.

Ci-dessous. Cet autocar sur rails a été construit par la société Verney en 1947. Il a circulé sur les lignes de la compagnie du Mamers-Saint-Calais dans la Sarthe. Préservé, il fait partie de la collection du chemin de fer touristique Beillé-Bonnétable.

Le bus sur rail allemand

Incontestablement, le bus sur rail allemand, le « Schienenbus » à deux essieux décliné en versions à un ou deux moteurs, est le sauveur de nombreuses lignes secondaires. D'un entretien peu coûteux et fiable, il s'impose facilement sur des axes où le nombre des voyageurs est modeste. Grâce à l'adjonction de remorques, il peut se transformer en un véritable train lors d'affluence sur les sillons réservés aux écoliers notamment. Sa réussite à l'exportation ouvre des perspectives nouvelles et diverses compagnies des pays de l'Est (Hongrie, Tchécoslovaquie) se dotent d'engins de conception similaire réalisés dans leurs ateliers.
Outre des unités vendues d'occasion en Turquie, il existe un très grand nombre d'engins de ce type encore en activité, notamment sur les lignes musées.

Ci-dessus. Un « Schienenbus » à un seul moteur, série VT 795, assure une liaison Wasserbillig (Luxembourg)-Trèves (Allemagne).

Ci-dessous. Arrivée en gare de Prien (Allemagne) d'un « Schienenbus » série VT 798 de la DB. Ce matériel a longtemps circulé sur les lignes secondaires.

La TRACTION ELECTRIQUE

DES DEBUTS TIMIDES

La traction électrique fait des débuts timides dans le domaine ferroviaire. Pourtant dès 1842, une machine anglaise est élaborée par Davidson, puis cinq années plus tard un fourgon à piles voit également le jour, conçu par Farmer et Hall. Aux Etats-Unis, Page installe en 1851 un moteur électrique sur un wagon, mais il faut attendre un peu plus de vingt ans avant que l'Allemand Werner von Siemens ne mette au point un prototype de tracteur mû par l'électricité.

Prévu pour circuler sur voie étroite, cet engin de taille modeste est accueilli plutôt avec un certain scepticisme ce qui ne l'empêche pas d'être présenté à l'exposition de Berlin en 1879. Cette intéressante nouveauté est ensuite exposée à Bruxelles puis en 1880 à Paris. Cette réalisation, bien qu'imparfaite, est aujourd'hui considérée comme la toute première locomotive électrique au monde. Lors des présentations, elle tracte des wagonnets où ont pris place des personnes ayant accepté de tester ce prototype.

Incontestablement, le développement de génératrices et de motrices fixes alimentées par l'électricité donne le coup de pouce nécessaire à son emploi par les chemins de fer. En France, sur l'initiative de Jean-Jacques Heilmann, la Compagnie de l'Ouest expérimente une machine hybride mêlant la traction à vapeur et une dynamo alimentant huit moteurs électriques. Baptisé la « Fusée électrique », cet engin atteint la vitesse record de 108 km/h lors d'essais.

Ci-dessous. Voici ce qui est considéré comme la toute première locomotive électrique du monde. Conçue par Siemens et Halske de Berlin, elle a été présentée pour la première fois en 1879. On la voit cent ans plus tard exposée à Munich (Allemagne).

De l'autre côté de l'Atlantique, la compagnie américaine du Baltimore-Ohio a été séduite par l'électricité au service de la traction des trains. Elle met au point des locomotives dont les qualités remarquables vont séduire les dirigeants de la Compagnie d'Orléans en France. Celle-ci, dont la ligne principale entre dans Paris jusqu'au quai d'Orsay, est à la recherche de locomotives autres que mues par la vapeur pour circuler dans la partie en souterrain sans inconvénient. Adaptées du modèle américain, les « boîtes à sel » du PO font partie des premières réalisations réussies sur le plan de la traction électrique.

Ci-dessus. Cette automotrice à voie métrique, livrée en 1904, a circulé dès l'ouverture de la ligne privée Innsbruck-Fulpmes (Autriche). Rénovée à plusieurs reprises, elle est restée en service près de quatre-vingts ans.

Ci-dessous. La deuxième version de la « Fusée électrique » de Heilmann vue en essais en 1897. Elle ressemble encore à une locomotive à vapeur !

Ci-contre. La E 71.29 fait partie d'une série de vingt-sept locomotives électriques mises en service en 1912 par les Chemins de fer royaux de Prusse. Elle est exposée ici à Munich lors des manifestations du centenaire de la traction électrique en 1979.

En bas, à gauche. Livré en 1915 à la compagnie du Schöllenenbahn (Suisse), ce tracteur électrique a fini sa carrière comme engin de manœuvres pour le compte du chemin de fer de la Furka-Oberalp.

Ci-dessous. Mise en service en 1912, cette locomotive à voie métrique a roulé de nombreuses décennies durant pour le compte des Chemins de fer rhétiques. Elle a été préservée au titre de véhicule historique.

En bas. Mise en service de 1901 à 1907, la ligne à voie métrique de Saint-Gervais à Vallorcine a été exploitée en traction électrique, par troisième rail latéral, dès le début de l'exploitation. Une partie du matériel d'origine est restée en service plus de soixante-dix ans.

Les locomotives « boîtes à sel »

Ce terme, en jargon ferroviaire, concerne une locomotive de forme particulière ; pour être une « boîte à sel », elle doit être munie d'une cabine centrale et de deux capots. C'est cette forme rappelant les boîtes à sel des grands-mères d'autrefois qui leur a donné ce surnom devenu célèbre dans le monde ferroviaire. C'est principalement en Europe (Allemagne, France ou Grande-Bretagne) que ce type de locomotive s'est développé, mais certaines unités ont aussi circulé aux Etats-Unis. Affectées à la remorque de courts trains de marchandises sur des lignes de moyenne importance, les « boîtes à sel » ont aussi œuvré en trafic voyageurs. Parmi les plus célèbres figurent celles qui ont roulé de nombreuses années durant sur la pittoresque ligne bavaroise Murnau-Oberammergau (Allemagne). Certaines d'entre elles ont aussi été affectées au service des manœuvres tandis que d'autres machines ont servi sur les réseaux industriels ou miniers. Grâce à la volonté d'amateurs, plusieurs exemplaires représentatifs ont été sauvés de la démolition. Certaines unités ont bénéficié d'une rénovation complète pour pouvoir rouler à nouveau en ligne en tête de trains spéciaux. Incontestablement, les locomotives du type « boîte à sel » font partie de l'histoire du chemin de fer dans le monde.

Ci-dessus. Livrée en 1929, cette locomotive de plaine de la compagnie allemande Zugspitzbahn (Bavière) est utilisée comme engin d'appoint.

Ci-contre. Mise en service en 1905, la locomotive LAG 1 de type B est du plus pur style « boîte à sel ». Elle a roulé, après modernisation, jusqu'en 1954 avant d'être exposée comme monument à Munich-Freimann dans l'enceinte des ateliers de réparation de locomotives.

UN GRAND DEVELOPPEMENT

Alors que le métro de Paris, mû par l'électricité en troisième rail latéral, ouvre une ère nouvelle dès 1900, ailleurs diverses réalisations sont significatives bien avant comme à Berlin où circule en 1881 le premier tramway électrique. Aux Etats-Unis, le réseau de tramways de Philadelphie est le plus important du monde avec 750 km de lignes sur lesquelles ne circulent pas moins de 2000 motrices. En France, le premier tramway de conception suisse circule en 1880 à Clermont-Ferrand tandis que les lignes de la capitale sont converties à l'électricité en 1898.

Les débuts du XXe siècle sont fertiles en réalisations confiées à ce type de traction. En Suisse, une locomotive électrique circule en 1904 entre Seebach et Wettingen tandis que deux années plus tard le chemin de fer local autrichien Vienne-Baden passe à l'électricité et qu'en Allemagne le premier tronçon des chemins de fer royaux de Prusse est mis sous tension entre Bitterfeld et Dessau. En Bavière, une première ligne fait rouler des machines d'allure proche à celle des « boîtes à sel » du PO entre Murnau et Oberammergau.

En 1913, le chemin de fer Bern-Lötschberg-Simplon inaugure sa ligne dès son ouverture en traction électrique dans un pays qui va marquer son détachement du charbon et électrifier la quasi-totalité de son réseau ferroviaire.

En France, outre la compagnie PO déjà citée, le PLM suit le mouvement avec la mise en service de la ligne à voie métrique Saint-Gervais-Chamonix-Vallorcine à partir de 1901, tandis que la ligne à voie normale Paris-Juvisy est convertie à l'électricité en 1903. Sept années plus tard, la ligne Villefranche-de-Conflent-La Tour-de-Carol est ouverte partiellement aux trains électriques alimentés par troisième rail comme la ligne chamoniarde. Bien que nécessitant des investissements lourds, la traction électrique est considérée comme un facteur de progrès autorisant des charges plus élevées et la circulation plus rapide des trains. Ainsi, dans les années 1930 certains grands axes sont pourvus de caténaires, mais leur nombre reste encore restreint.

Page de droite. La série 1245 des ÖBB, de configuration d'essieux BB, est entrée en service en 1934. Bonne à tout faire, bien que limitée en puissance et en vitesse, elle a fini sa carrière comme locomotive de manœuvre. Ici l'une d'elles évolue en gare d'Unzmarkt (Autriche).

Ci-dessous. Ouverte par étapes à partir de 1908, la ligne à voie métrique de Cerdagne (Villefranche-de-Conflent-La Tour-de-Carol) est électrifiée par troisième rail latéral en 850 volts continu. Le matériel d'origine est toujours en service après plusieurs rénovations.

1245.530
ÖBB
1245.530

En haut, à gauche. De configuration BBB, les E 636 des FS ont été livrées à partir de 1940. Les unités encore valides sont affectées à la division fret de la compagnie italienne.

Ci-dessus. Les locomotives CC série E 94 ont débuté leur carrière en 1941. Robustes elles aussi, ces machines sont restées en service en Allemagne jusqu'en 1988 et celles du parc autrichien sept années de plus. La E 94.051, longtemps préservée à titre historique en gare de Singen, a été remise en service en 2003.

Ci-contre. La série Ae 4/7 a été livrée en 1927. Les dernières unités ont roulé jusqu'en 1996, démontrant une grande robustesse. Cette machine a été photographiée en gare de Coire (Suisse).

Ci-dessous. Livrée en 1929, la locomotive 1670. 23 du type A1BoA1 stationne à Landeck (Autriche) aux côtés d'une locomotive série 1020 ex-E 94 de la DRG.

Ci-dessus. Trois locomotives sud-africaines série 14 E construites en 1990 et appartenant à la société Spoornet capables de circuler indifféremment sous 25 kV ou 3 kV.

Ci-dessus. Evoluant sous 15 kV/16 2/3 Hz, cette locomotive de manœuvre suisse tracte deux voitures voyageurs en gare de Coire.

Différents courants

Si les écartements de voie diffèrent, les tensions utilisées aussi. Ainsi longtemps les « frontières électriques » ont posé des problèmes d'exploitation avec le changement de locomotives dans les gares frontières. La mise en service de locomotives bicourants, tricourants ou quadricourants a permis de gommer ce handicap, entraînant la réduction des temps de parcours avec la suppression des manœuvres.

Si la capacité de rouler sous plusieurs courants a concerné les locomotives, les trains à grande vitesse sont aussi confrontés au problème, notamment en France où cohabitent deux tensions. L'emploi d'un courant unique en Europe permettrait sans aucun doute des économies substantielles lors de la construction des nouveaux matériels, mais cette décision n'est pas encore à l'ordre du jour des prochaines décennies. Sauf, si les réseaux européens décident de s'unir encore plus.

Principales tensions :

- 1,5 kV continu : France, Pays-Bas, Danemark, Nouvelle-Zélande
- 11 kV/16 2/3 Hz : Suisse
- 25 kV 50 Hz monophasé : France, Bulgarie, Grande-Bretagne, Hongrie, Turquie, Inde, Japon
- 15 kV/16 2/3 Hz : Allemagne, Suisse, Autriche, Suède
- 3 kV continu : Italie, Belgique, Espagne, République tchèque, Pologne, Afrique du Sud, Russie.

Ci-contre. Les dix CC 40100 de la SNCF quadricourants étaient capables de circuler en France, Belgique, Allemagne et Pays-Bas. Elles emploieront cette faculté rarement, se contentant de liaisons France-Belgique.

Ci-dessous. Une locomotive allemande bifréquence série 181.2 capable de rouler sur les lignes de la DB mais aussi en France tracte un train international au départ de Strasbourg.

UN CHOIX : LOCOMOTIVES SPECIFIQUES OU « UNIVERSELLES »

Au lendemain de la Seconde Guerre mondiale, une fois les périodes de pénuries diverses passées, les électrifications de lignes sont de nouveau d'actualité, tant en France qu'en Allemagne et dans d'autres pays européens. Les moyens financiers faisant encore défaut cependant, il faut se contenter des machines existantes déjà fatiguées par un dur labeur mais dès les années 1950 de nouvelles séries sont mises en chantier. Basées sur une technologie ancienne, les 2D2 9100 de la SNCF font leur apparition dès 1950. Parallèlement, l'idée d'un type de locomotive capable de remorquer soit un train rapide de voyageurs, soit un train lourd de marchandises germe auprès de diverses compagnies.

Paradoxalement, ce sont des locomotives à usage spécifique qui sont produites, certaines spécialisées aux trains de marchandises, d'autres dites « machines de vitesse » aux trains rapides de voyageurs. C'est le cas notamment des locomotives qui seront affectées à la traction des trains TEE dont le succès va croissant. En Allemagne fédérale, les CC de la série 103 figurent dans cette catégorie, tandis qu'en France les CC 6500 leur emboîtent le pas.

Dans les années 1970, la tendance est donc à l'emploi de machines « lentes » pour les marchandises et de machines « rapides » pour les trains de voyageurs. En France, la SNCF commande des locomotives pouvant rouler en service rapide mais aussi en service lent comme les BB 7200. Peu souple, cette disposition est progressivement abandonnée pour laisser la place à de nouvelles séries dites « universelles », c'est-à-dire capables de tracter toutes sortes de trains.

Curieusement, les Etats-Unis, pourtant souvent en avance sur les autres pays, se détournent de la traction électrique qui régresse, certaines lignes étant démontées pour être confiées à des trains tractés par des machines diesels !

L'intensification des trains de banlieue entraîne la construction d'automotrices électriques spécialement conçues pour ce type de trafic. On les voit apparaître en grand nombre en France, en Suisse, en Allemagne mais aussi en Belgique et aux Pays-Bas. Plus souple d'utilisation, l'automotrice permet la création de véritables réseaux express régionaux comme le RER en France (inauguré en 1978) ou comme les S-Bahn allemands puis autrichiens.

Dans le domaine des manœuvres, la traction électrique se développe aussi, notamment en Suisse où le réseau est presque intégralement sous tension. Certaines sont conçues comme de vraies locomotives et peuvent ainsi circuler en ligne en tractant des convois de marchandises ou même, en remplacement des locomotives titulaires, des trains régionaux comme en Autriche par exemple.

En bas, à gauche. Livrée en 1950, la série 2D2 9100 de la SNCF était destinée à la traction des trains rapides, mais a fini sa carrière en tractant des trains de marchandises. L'une d'elles, la 9135, a été préservée à titre historique.

Ci-dessous. La série BB 22200 est répartie entre les sociétés Grandes Lignes et Fret SNCF. Celle-ci, numérotée 422395, est en principe destinée aux trains de marchandises. On la voit ici en gare de Rennes sur un train Saint-Malo-Paris Montparnasse.

DISPOSITION D'ESSIEUX DES LOCOMOTIVES ELECTRIQUES

A l'opposé de la traction à vapeur qui n'emploie que des chiffres pour la désignation des locomotives – par exemple 231 –, la traction électrique mais aussi diesel fait appel à des lettres. Ainsi on trouve des BB, des CC, etc. Cette désignation est quasiment unifiée et en vigueur dans de nombreux pays.
Voici les principaux types rencontrés :

- C : 3 essieux moteurs
- BB : 4 essieux moteurs sur 2 bogies séparés
- CC : 6 essieux moteurs sur 2 bogies séparés
- 1D1 : 1 essieu porteur, 4 essieux moteurs, 1 essieu porteur.

Dans la littérature professionnelle ou technique, ces désignations sont souvent complétées comme BoBo ou CoCo.

En haut, à droite. La série 45 des CFR est issue de la modernisation de machines des séries 40 et 41 construites à partir de 1963 à plus de 900 exemplaires. L'une d'elles vient d'arriver en gare de Bucarest (Roumanie).

Ci-contre. Destinées aux trains rapides de voyageurs type TEE ou Intercity, les CC série 103 de la DB ont assuré une belle carrière entre 1970 et 2003. L'une d'elles est vue en tête d'un train Intercity roulant vers Ulm et Munich (Allemagne).

En bas, à droite. La BB 1116.069, bicourant, fait partie des locomotives type « Taurus » des ÖBB apparues en 1999. Elle est capable de tracter des trains de voyageurs comme de fret. Elle tracte un train régional entre Villach et Bruck an der Mur (Autriche).

Des locomotives affectées aux manœuvres

La traction électrique s'est aussi développée dans le domaine des manœuvres. Souvent matérialisés par des tracteurs ou de petites locomotives, ces engins sont conçus comme de véritables locomotives pour assurer du trafic en ligne, en tractant de petits trains de fret par exemple. Arrivées presque au terme de leur carrière, certaines locomotives ne sont plus utilisées qu'aux manœuvres.
En Autriche, certaines d'entre elles, dotées de caractéristiques les rapprochant des locomotives de ligne, sont même employées en tête de trains régionaux de voyageurs.

En haut.
Mise en service en 1955, la série 1062 des ÖBB (Autriche) composée de machines électriques à bielles était destinée aux manœuvres dans les grandes gares comme ici Vienne-Ouest.

Ci-dessus.
La série V 46 des MAV (Hongrie), construite en 1983, assure les manœuvres, comme ici en gare de Budapest Keleti. Elle est aussi capable de tracter de courts trains de fret en ligne.

L'AUTOMOTRICE, UN MATERIEL D'AVENIR

Ci-dessus. Les automotrices du type « Z2 » de la SNCF sont apparues en 1982. Après avoir arboré la livrée SNCF puis une seconde « régionale », elles sont progressivement modernisées et repeintes en livrée TER comme la Z 7356 vue en gare de Tours.

De tout temps, les compagnies ferroviaires ont cherché à rationaliser leurs exploitations. Pour certains services à faible distance entre deux villes, la circulation de trains avec locomotive plus voiture devient un obstacle à une meilleure desserte. Une fois arrivée à son terminus, la locomotive doit changer de sens et se replacer de l'autre côté. L'invention des voitures-pilotes munies d'une cabine de conduite ouvre la voie à la généralisation de l'automotrice électrique.

Déjà employée dans les années 1930, l'automotrice connaît un essor sans précédent en Europe au cours des trente dernières années du XXe siècle. Décliné en versions à deux, trois ou quatre éléments pouvant être jumelés, ce type d'engin favorise l'éclosion des réseaux suburbains ou régionaux dans les pays déjà mentionnés puis également en Espagne ou en Grande-Bretagne.

Outre les unités affectées aux services TEE (Trans-Europ-Express) dans les années 1960 comme les RAe des CFF, certaines séries sont prévues pour assurer des relations de grandes lignes. C'est le cas aussi en Autriche où d'élégantes automotrices contribuent au succès du train rapide international Bâle-Vienne dénommé « Transalpin ».

Ailleurs et notamment au Japon, l'automotrice se développe de manière durable dans un pays à forte densité humaine où le chemin de fer joue un rôle important dans les déplacements professionnels.

Le regain en faveur des relations régionales autorise la création de diverses séries d'automotrices rapides, confortables et fiables. La série dite « Z2 » française, dont il existe une version luxembourgeoise, rajeunit bon nombre de trains à caractère local.

Ce secteur connaît aussi quelques changements. L'apparition des trains à grande vitesse, tous exploités par des rames automotrices électriques, est suivie depuis peu par l'application du principe de motorisation répartie. En clair, la formule de motrices encadrant des remorques s'efface au profit de rames composées exclusivement d'engins assurant la traction. Cette disposition permet des puissances supérieures et partant des performances améliorées sensiblement.

Incontestablement, l'automotrice – qu'elle soit régionale ou à motorisation répartie – a un avenir des plus prometteurs. Elle constituera à terme la base des exploitations ferroviaires du futur tant en service régional qu'en service international.

En haut, à gauche. Un train régional Singen (Allemagne)-Weinfelden (Suisse) est assuré par une rame automotrice aux couleurs de la compagnie suisse Mittelthurgaubahn devenue entre-temps la société Thurbo.

Ci-dessus. Pour développer leurs services intervilles, les NS aux Pays-Bas ont pris livraison dans les années 1970 et 1980 de diverses séries d'automotrices. L'une d'elles, du type « Sprinter » construit au début des années 1980, quitte la gare centrale d'Amsterdam.

Ci-contre. Véritable chemin de fer suburbain, la compagnie du Wynental und Suhrentalbahn en Suisse exploite ses trains avec des automotrices, comme ici celle-ci construite en 1979.

Ci-dessous. Entre octobre 1924 et novembre 1926, la compagnie du PO a pris livraison de quatre-vingts automotrices pour les services de banlieue de Paris. D'autres unités viendront les rejoindre pour circuler hors de la capitale également.

Ci-dessus. Livrées à cinq exemplaires à partir de 1996, des automotrices panoramiques sont venues apporter un sang neuf à la ligne à voie métrique Saint-Gervais-Vallorcine (Martigny) mise en service à partir de 1901.

En haut, à droite. La SNCB a renforcé son parc d'automotrices par la série dite « Break ». La 372 stationne en gare de Bruxelles-Midi (Belgique).

Ci-contre. Une automotrice série ET 4010 roule vers St. Anton am Arlberg (Autriche). Livré à partir de 1965, cet élégant matériel qui a longtemps assuré des relations intervilles et internationales est en cours de réforme.

Ci-dessous. Une rame de banlieue alimentée en 750 V par troisième rail latéral en gare de Buenos Aires-Retiro (Argentine). Ce matériel circule sur une voie large.

Les TRAINS de VOYAGEURS

LES TRAINS DE GRANDES LIGNES

Au cours des premières années de leur existence, les chemins de fer font appel pour le service des trains de voyageurs à des matériels de plus en plus sophistiqués mais encore en deçà des possibilités. L'avancée réalisée par Georges Nagelmackers avec ses premiers trains express met en lumière qu'une nécessaire organisation des relations devient obligatoire. L'accroissement sensible des vitesses commerciales de certains trains leur a donné l'appellation « express » mais d'autres trains encore plus rapides vont voir le jour. C'est le 1er mai 1892 que les premiers trains directs, en allemand « Schnellzug », sont mis en marche entre Berlin et Cologne mais aussi entre la capitale et Francfort-sur-le-Main. C'est la livraison de voitures à bogies et compartiments qui favorise la création de nouvelles liaisons. Composés de voitures directes, ces trains prennent l'appellation de « rapides » par rapport aux trains existants plus lents qui sont des trains « express ». Les trains rapides sont donc des trains dits « nobles » bénéficiant de toutes les attentions, car ils transportent une clientèle aisée attendant un service impeccable. Grosso modo, ces appellations vont suivre l'évolution des chemins de fer dans le monde mais curieusement la création en 1957 du groupement TEE prête à confusion. Bien que ce réseau soit composé de trains Trans-Europ-Express, ce sont en fait des trains rapides composés uniquement de véhicules de première classe !

Dans certains pays, comme la Suisse, on emploie également la dénomination « train accéléré » ou encore « train direct » pour désigner les trains rapides qui circulent sur les lignes des CFF. Dans les années 1980, les chemins de fer britanniques (BR) puis allemands (DB) mettent en service un réseau de trains rapides intervilles dénommés Intercity, bientôt suivis par la Suisse (CFF), l'Italie (FS) ou encore l'Autriche (ÖBB). En 1987, après trente années d'exploitation, les TEE laissent la place à des trains « Eurocity » ouverts aux deux classes.

La terminologie dans ce secteur n'a subi que peu de modifications en fait. Par rapport aux liaisons par trains « classiques », les liaisons à grande vitesse ont ajouté des appellations dans la liste avec TGV en France ou ICE en Allemagne.

La généralisation des grandes vitesses n'étant pas encore envisageable à court terme, les appellations en cours vont rester valides encore quelques décennies.

Ci-dessous. Un train rapide de la Compagnie du Nord dans les années 1930. La rame comporte une voiture-restaurant de la CIWL.

Ci-dessus. En Suisse, le « Glacier Express » effectue la liaison Saint-Moritz-Zermatt et retour. Il est composé de voitures panoramiques offrant une vue incomparable des superbes sites traversés.

Ci-dessous. Un train rapide assurant la liaison Casablanca-Marrakech (Maroc) roule emmené par une locomotive de construction japonaise.

Ci-contre. Un train Intercity de la compagnie nationale British Railways au départ de Londres Kings Cross (Grande-Bretagne).

Ci-dessus. En Allemagne, la société Connex est la première à avoir concurrencé ouvertement la compagnie nationale DB sur les grandes lignes également. Un train « Interconnex » marque l'arrêt en gare de Troisdorf.

Ci-dessous. Dans les années 1960 le train « Scenic Daylight » assurant la liaison Auckland-Wellington (Nouvelle-Zélande) est emmené par une locomotive diesel type Da de construction américaine.

Ci-dessus. Effectuant la liaison Munich (Allemagne)-Rome (Italie), le train Eurocity « Michelangelo » marque l'arrêt en gare de Fortezza/Franzensfeste dans le Brenner italien.

Ci-dessus. Le train EC-ÖBB « Gustav Klimt » en provenance de Vienne (Autriche) approche de la capitale tyrolienne Innsbruck et roule à destination de Feldkirch. Il achemine des fourgons porte-autos en fin de rame.

Ci-dessous. Le train « Orange Express » assurant la liaison Durban-Le Cap (Afrique du Sud) est remorqué par une « Mountain » de la compagnie nationale SAS. Il a été photographié à Hamilton dans le milieu des années 1970.

Ci-contre. Le TEE « Mistral » au départ de Paris-Lyon et à destination de Marseille et Nice. C'est une puissante CC série 6500 de la SNCF qui va en assurer la traction.

Les Trans-Europ-Express

L'idée d'un réseau européen de trains rapides germe dès le début des années 1950. Pour le voir se concrétiser, le matériel adéquat fait cependant défaut. Sous l'impulsion de M. Den Hollander un projet prend forme du nom de Trains rapides européens. Il s'agit de mettre en circulation entre les principales métropoles européennes des trains de première classe offrant tout le confort nécessaire en effectuant le parcours à des vitesses commerciales supérieures à celles pratiquées alors.
Reprenant les fondements de Nagelmackers, ces trains doivent comporter un service de restauration et un service stylé.
Sept compagnies européennes (Suisse, France, Italie, Allemagne, Luxembourg, Pays-Bas et Belgique) fondent le groupement qui prend en définitive le nom de « Trans-Europ-Express » plus connu sous le sigle TEE. Ultérieurement, l'Espagne rejoint les autres partenaires.
C'est le 2 juin 1957 que les premiers TEE s'élancent grâce à l'arrivée de nouveaux matériels à traction diesel sous forme d'automoteurs. Le développement est tel que de nouveaux trains sont créés puis de nouveaux matériels sont livrés. Certains noms de ces TEE, déjà connus par le passé comme « Oiseau Bleu » ou encore « Etoile du Nord » marquent parmi les plus belles pages de l'histoire de ce groupement.

La demande en progression conduit au remplacement de la majeure partie des automotrices TEE par des rames tractées composées de matériels neufs, climatisés et haut de gamme.
La vogue de ces trains pas comme les autres ne dure qu'une bonne vingtaine d'années, les dix dernières étant plutôt celle du déclin. La forte demande en places de deuxième classe entraîne une concurrence sur des diverses relations et le remplacement des TEE par des trains classiques mais ouverts aux deux classes.
Après trente années sous le label TEE, le groupement cesse toute activité en mai 1987 et laisse la place à un autre dénommé Eurocity (EC) composé de relations de qualité mais en plus grand nombre. Tous les trains EC sont à deux classes et offrent un service de restauration.
Cette catégorie existe toujours mais n'a jamais atteint la notoriété des fameux Trans-Europ-Express.

Ci-contre. Effectuée par un automoteur italien, la liaison Milan-Marseille était l'une des premières relations type Trans-Europ-Express. On voit ici le TEE « Ligure » près de Théoule-sur-Mer.

Ci-dessus. Pour assurer des relations TEE, les CFF ont fait construire en 1961 un lot de cinq automotrices quadricourants. L'une de celles-ci a été photographiée arrivant en gare de Bâle.

Ci-dessous. Vedette du rail allemand, le TEE « Rheingold » est prêt au départ en gare de Bâle (Suisse). C'est une élégante et puissante CC série 103 de la DB qui va tracter ce train.

DES TRAINS POUR DORMIR

Le développement rapide des relations internationales à la fin du XIXe siècle est à l'origine des solutions recherchées pour un meilleur confort du voyage à longue distance. Ce n'est nullement surprenant que les premiers trains de nuit soient apparus aux Etats-Unis, ce « pays-continent » où les distances entre grandes métropoles sont conséquentes.

Sur l'initiative d'un ébéniste du nom de George Mortimer Pullman, des voitures offrant des places couchées font leur apparition sur les voies américaines. Bien que rudimentaires – les lits ne sont séparés du couloir que par un rideau –, ces véhicules séduisent à la fois les exploitants et les voyageurs.

En Europe, un jeune Belge nommé Georges Nagelmackers est rentré d'un voyage aux Etats-Unis, effectué pour « gommer » une

Ci-dessus. Incontestablement le plus célèbre des trains de nuit, l'« Orient-Express », vu ici en Allemagne dans les années 1930. Entre les deux fourgons, la rame est composée d'une voiture-restaurant et de quatre voitures-lits.

Ci-dessous.Le plus célèbre train de nuit français, le « Train Bleu », en provenance de Paris approche de Nice. Il a été photographié dans les années 1960.

Ci-contre. L'intérieur particulièrement soigné d'une voiture-lits type LX, sans doute les plus belles et plus confortables voitures construites.

peine de cœur. Son périple lui a permis de constater l'avance prise par les chemins de fer américains dans ce domaine. L'idée de transporter les voyageurs couchés l'a séduit, mais il pense que les conditions ne sont pas optimales et qu'il faut encore en améliorer les conditions de couchage. Il échafaude divers projets et rédige une brochure qu'il intitule *Projet d'installation de wagons-lits sur les chemins de fer du Continent*.

La guerre franco-allemande de 1870 oblige Nagelmackers à reporter ses projets mais dès 1872 il fonde la Compagnie internationale des wagons-lits, aidé par le roi des Belges Léopold II et quelques amis. Quelque peu jugé téméraire, son propos est de relier les principales villes d'Europe par de véritables trains de nuit, confortables et rapides. Décriée et surtout jugée utopiste en ces temps de méfiance politique, l'idée va se révéler une grande idée.

En bas, à droite. Assurant la liaison Seattle-Los Angeles (USA), le train de nuit « Coast Starlight » est composé intégralement de voitures à deux niveaux, y compris les voitures-lits.

Ci-dessous. L'intérieur en position nuit d'une voiture-couchettes des ÖBB. Pour améliorer le confort, il est possible sur certaines relations de n'avoir que quatre personnes par compartiment, même en deuxième classe, au lieu de six en règle générale.

Ci-dessus. Une liaison directe par voiture-lits et voitures-couchettes fonctionne quotidiennement entre Vienne (Autriche) et Bucarest, la capitale roumaine.

Destinés à une clientèle aisée composée de diplomates, hommes d'affaires ou industriels, les trains de nuit vont connaître un développement dont la première étape est la création du légendaire « Orient-Express » en 1883. Ce train de nuit, avant tout un train de luxe comportant une voiture-restaurant au service et à la table raffinés, va connaître une descendance importante aux noms célèbres comme le « Transsibérien » en Russie mais aussi le « Nord-Express » ou encore le « Train Bleu » à destination de la Côte d'Azur. Tous ces noms ont rendu célèbre la Compagnie internationale des wagons-lits et des grands express européens, la raison sociale adoptée par Nagelmackers et ses collaborateurs. Plus connue sous le sigle CIWL, cette compagnie va écrire parmi les plus belles pages de l'histoire du rail dans le monde.

La Seconde Guerre mondiale achevée, les besoins sont différents, la clientèle aussi. La démocratisation des trains de nuit s'opère avec l'ouverture plus grande aux places de deuxième classe mais aussi la mise en service des premières voitures couchettes. Bien que divers aménagements structurels et la création d'un pool d'utilisation du parc des voitures-lits appartenant à ses membres apportent un début de solution au problème de la survie des trains de nuit, c'est l'aviation dans un premier temps puis l'essor des grandes vitesses qui entraînent de nombreuses suppressions.

Un temps considéré comme moribond, le train de nuit a rebondi. Diverses avancées dans le domaine avec la mise en service de véritables « trains-hôtels », de mesures commerciales adaptées et d'un recentrage vers une clientèle différente ont permis de bons résultats. L'arrivée de nouveaux matériels roulants, d'un confort accru comme les voitures-lits du type Excelsior ou les véhicules à deux niveaux de la compagnie CityNightLine, ont donné un coup de jeune à ce type de train. Les études le démontrent, la viabilité et la pertinence des trains de nuit ne sont plus une utopie.

Sans retrouver les fastes d'antan, les trains de nuit d'aujourd'hui offrent une alternative à une clientèle désireuse de voyager confortablement pour arriver fraîche et reposée. Si les hommes et femmes d'affaires, lassés par l'aviation dont la régularité n'est plus aussi légendaire, sont de retour dans les trains de nuit, la clientèle de vacances ou en déplacement touristique constitue désormais la base. De nombreux trains de nuit disposent à nouveau de voitures-restaurants car ces voyageurs-là ont le temps.

Dans de nombreux autres pays, aux dimensions généreuses comme la Chine, le Japon, le Canada et les Etats-Unis, le train de nuit reste d'actualité et des matériels neufs ont été livrés pour donner un nouvel élan à ce type de train qui est très apprécié.

Ci-dessous. Peint en bleu, la livrée « traditionnelle » des trains de nuit européens, le matériel de la compagnie germano-suisse CityNightLine comprend entre autres des voitures-lits à deux niveaux.

Ci-contre. Arrivée en gare de Vienne-Ouest (Autriche) du train « Donauwalzer » en provenance d'Ostende (Belgique). Une voiture-lits type MU figure dans la composition ; en fin de convoi la tranche en provenance de Berlin avec une voiture-lits rouge de la Mitropa

Le Pool TEN

Pour améliorer l'utilisation des voitures-lits en service international, neuf compagnies européennes et deux prestataires de service créent en 1971 un organisme mettant en commun la gestion et la circulation du matériel. Ce n'est qu'en 1980 qu'il prend officiellement le nom de « Pool Trans-Euro-Nuit (TEN) ». Cet organisme a pour but de coordonner l'exploitation des 249 voitures mises à disposition du pool par les partenaires et les 87 voitures louées par la CIWL aux réseaux. La partie la plus visible se situe par la livrée commune en bleu nuit avec apposition d'un logo TEN décliné dans l'une des trois langues retenues (allemand, italien et français). Grâce à ce pool, un plus grand nombre de relations est exploité mais avec moins de voitures et il devient possible de voir dans un train Paris-Rome une voiture hollandaise remplaçant l'unité titulaire indisponible sans traverser son pays d'origine. Cette souplesse donne du tonus aux trains de nuit qui connaissent alors un déclin certain mais aussi un vieillissement des matériels. Bien que donnant satisfaction, le Pool TEN n'aura qu'une vie courte. Les hésitations de divers partenaires quant au devenir des trains de nuit – la grande vitesse les rend inutiles sur certaines liaisons pense-t-on alors – condamne le groupement qui cesse de fonctionner à la fin de 1994.

Tentant de poursuivre dans le sens d'une meilleure productivité, une nouvelle catégorie de trains dénommée Euronight voit le jour, avec cependant la disparition de l'utilisation en pool des voitures-lits. La tendance aux sociétés spécialisées dans ce domaine recompose complètement ce secteur qui est en pleine mutation.

Ci-dessous. C'est une voiture-lits louée à la SNCF par la CIWL qui entre dans la composition du train de nuit « Arlberg Express » arrivant en gare de St. Anton (Autriche).

TRAINS DE LUXE ET PULLMAN

Entre 1883 et 1936, la CIWL met en service plus de cent vingt relations internationales de grand standing. Les services concernent des trains de nuit mais également des trains de jour viennent s'ajouter à cette liste comme le « Trouville Express » ou encore le « Marseille-Nice Express ». Une bonne part de cette impressionnante liste va connaître une gloire internationale comme l'« Orient-Express » ou encore le « Transsibérien », tous deux trains de nuit de luxe. Si cette société tente de monopoliser les trains de luxe sur le continent européen, sa concurrente la Mitropa ne reste pas inactive. A la création du train « Edelweiss » de la CIWL assurant une liaison par la belle ligne de la vallée du Rhin, la rivale allemande lance le train « Rheingold » qui reprend les bases mêmes du train concurrent. Il se compose de voitures confortables de style Pullman ouver t aux deux classes où les voyageurs sont transportés dans des fauteuils spécialement étudiés pour ce train. Train de standing, le « Rheingold » est devenu un mythe outre-Rhin et s'il a disparu en service régulier, une rame historique en maintient le souvenir vivace.

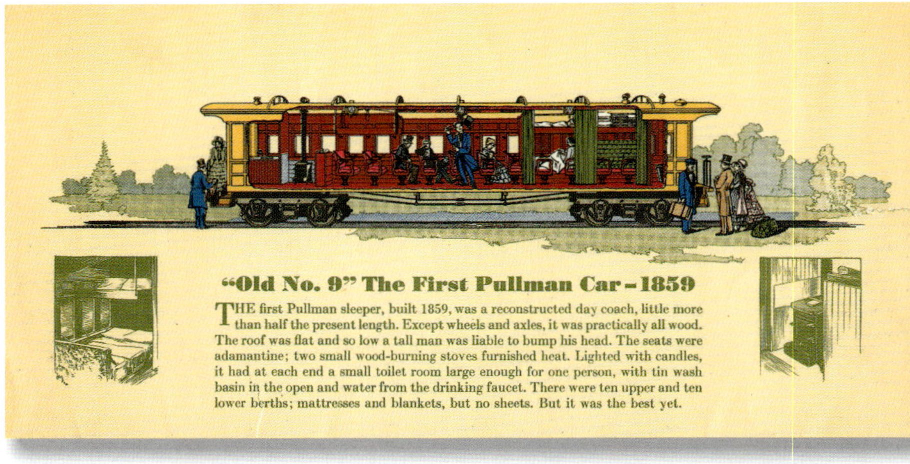

Les trains Pullman de la CIWL, circulant de jour, ont été mis en service en 1925 avec une première circulation sur la liaison Milan-Nice. Pour assurer ces trains, la CIWL n'a pas hésité à faire construire des voitures baptisées « Pullman ». Il faut savoir que cette entreprise peut utiliser ce nom devenu célèbre aux Etats-Unis et en Grande-Bretagne car elle a acquis la compagnie Pullman en 1896 et tous ses contrats en Europe. Les premiers véhicules prévus pour ces services sont livrés en 1926

Ci-dessus. Cette gravure représente la toute première voiture Pullman mise en service en 1859 aux Etats-Unis. Si le confort peut paraître encore sommaire, les aménagements sont à cette époque les plus développés en matière de trafic nocturne.

Ci-dessous. Héritier d'une tradition de confort et de luxe, le « Blue Train » en Afrique du Sud est l'un des plus somptueux trains de prestige circulant encore de nos jours.

et inaugurent un nouveau vocabulaire. On parle de « couplages » de voitures avec une unité pourvue d'une cuisine et celle attenante dépourvue.

Le service de restauration se fait à la place et permet d'affecter les voitures-restaurants sur d'autres services. Les trains Pullman vont connaître un large succès auprès de la clientèle qui voyage dans des conditions de confort inégalées. Pour assurer ces relations, la CIWL fait construire près de deux cents unités jusqu'en 1931, à l'apogée des services Pullman. Ils vont sans aucun doute écrire parmi les plus belles pages de l'histoire des chemins de fer en Europe et certains noms de ces trains sont restés longtemps des noms de légende : citons la « Flèche d'Or » entre Paris et Londres via une traversée en bateau ou encore le train « Oiseau Bleu » qui assurait la liaison Paris-Anvers.

La crise économique des années 1930 conduira à une limitation des services puis la Seconde Guerre mondiale achevée, les besoins en trains Pullman sont réduits. Ils vont subsister sur quelques relations. L'ultime a lieu en 1971 sur le train « Sud Express », clôturant un chapitre important des trains de luxe.

De nos jours, grâce à des trains comme le « Venice Simplon Orient-Express », le « Pullman Orient-Express », l'« Andalus Expreso » ou encore le « Nostalgie Istambul Orient-Express », il est encore possible de vivre le confort d'antan à bord de véhicules méticuleusement restaurés.

Ailleurs dans le monde, d'autres trains prestigieux connaissent un succès grandissant comme le « Blue Train » en Afrique du Sud ou encore le « Palace on Wheels » en Inde.

Ci-dessus. L'intérieur de la voiture Pullman 4080 du type complémentaire « Flèche d'Or ». Elle a été restaurée avec soin et respect de son aménagement d'origine et fait partie de la composition du train de luxe « Nostalgie Istambul Orient-Express ».

Ci-dessous. L'un des plus célèbres trains Pullman, le « Golden Arrow/Flèche d'Or ». Tant sur la portion britannique que française, ce train n'était composé que de voitures Pullman. La photographie montre ce train sur les voies conduisant vers Douvres en Angleterre dans les années 1930.

Ci-dessous. Mise en service en 1929, cette voiture Pullman n°4141 avec cuisine est du type « Côte d'Azur ». Elle fait partie de la rame du VSOE et sert de voiture-restaurant.

Ci-dessus. L'intérieur d'une voiture Pullman du train de luxe « Andalus Expreso » ; dans ce véhicule y est servi le petit déjeuner.

Ci-dessous. Le « Rheingold » mis en marche par la compagnie Mitropa en 1928 était le concurrent direct du train « Edelweiss » exploité par la Compagnie des Wagons-Lits. Une partie du matériel d'origine existe encore et fonctionne lors de circulations spéciales pour amateurs.

La Mitropa

Créée en Allemagne en 1917, en pleine Première Guerre mondiale, dans le but de concurrencer la CIWL d'obédience franco-belge, la société Mitropa (de son vrai nom la Mitteleuropäisches Schlafwagen Gesellschaft) connaît un développement non négligeable lié au devenir de sa société mère la Deutsche Reichsbahn Gesellschaft. Outre des services intérieurs, celle-ci assure divers services internationaux vers l'Autriche, la Suisse et la Suède. Faisant rouler des trains de nuit, où figurent des voitures-lits et restaurants de couleur rouge bordeaux, la Mitropa devient la compagnie est-allemande lors de la partition de l'Allemagne. Elle se concentre sur des relations intérieures et en service international vers les pays de même tendance politique comme la Pologne ou la Hongrie. La partie restée en Allemagne de l'Ouest prend le nom de DSG avec des services internationaux vers la France, l'Italie ou les Pays-Bas.
La réunification des deux Etats permet le retour de la Mitropa au premier plan. Elle devient en 1994 la seule et unique compagnie d'exploitation des voitures-lits, couchettes, restaurants et buffets en Allemagne.
La réorganisation de la restauration conduit à la reprise par la filiale en charge des trains de voyageurs de la DB en 2002 de tous les services ferroviaires de la Mitropa. Ceux-ci auront duré quatre-vingt-cinq ans. La société existe toujours mais elle se contente de la vente d'alimentation dans les gares et de la restauration de buffets.

De nombreuses voitures-restaurants et quelques voitures-lits Mitropa font partie du matériel préservé par des associations mais aussi par des entreprises de trains charters en Allemagne.

Ci-dessus. Le service du déjeuner à bord d'une voiture-restaurant de la Mitropa, photo prise dans les années 1930.

Ci-dessous. Mise en service en 1939, cette voiture-restaurant de la Mitropa fait partie des unités préservées à titre historique. Rénovée, elle entre dans la composition de trains spéciaux.

LES TRAINS REGIONAUX

Longtemps, en raison des faibles distances à parcourir, les trains étaient tous classifiés comme trains régionaux. C'est le développement des liaisons et l'augmentation sensible des parcours qui a conduit à une classification des types de trains. Ainsi sont apparus les premiers « express », puis un peu plus tard les trains « rapides » qui se sont démarqués des trains locaux qui vont garder plusieurs décennies durant leur appellation d'« omnibus ».

Mal-aimés, car peu rentables, les trains omnibus ne sont généralement pourvus que de matériels anciens déclassés des catégories supérieures où ils ne correspondent plus au service attendu par la clientèle. Ainsi, divers pays européens (France, Allemagne, Espagne) n'hésitent pas à employer des voitures de grandes lignes en service local mais comme ces véhicules ont plus de cinquante années de service à leur actif, le confort est parfois plus qu'aléatoire. Une timide renaissance des trains locaux est cependant perceptible avec l'introduction de voitures reconstruites obtenues par la réutilisation de châssis encore exploitables qui sont munis de caisses neuves offrant un confort amélioré. Ces voitures vont assurer une bonne part du trafic régional ou semi-express dans l'attente de jours meilleurs. A l'opposé, dans les pays de l'Est européen où la motorisation individuelle est

Ci-dessus. Un train omnibus de la Compagnie de l'Est composé majoritairement de voitures à deux niveaux dites « Bidel ». La photographie a été prise au début du XXe siècle.

Ci-dessous. Un train omnibus de la SNCF des années 1960 remorqué par une 141 TB et composé de voitures d'origine prussienne (prises de guerre). On le voit non loin de Sézanne.

Ci-dessus. Dans les pays de l'ex-URSS et en Russie, les automotrices à caisses multiples sont sollicitées pour les relations régionales mais aussi express.

encore plus que limitée, les compagnies ferroviaires n'hésitent pas à doter leurs trains régionaux de séries de voitures neuves dont certaines sont réalisées à deux niveaux, une idée qui ne fera son retour dans les pays de l'Ouest que bien plus tard.

Ailleurs, comme aux Etats-Unis par exemple, seules les grandes métropoles maintiennent des services régionaux en liaison avec les banlieues en pleine expansion, tandis qu'au Japon l'importance des services ferroviaires permet la construction d'automotrices confortables destinées aux trains de banlieue.

Le réveil des relations régionales se fait progressivement avec une prise de conscience, parfois tardive, de l'importance du chemin de fer dans l'organisation générale des transports terrestres. Finies les fermetures de lignes et les réductions de services, on assiste à une revitalisation des trains omnibus qui perdent leur qualification désuète au profit de celle de trains « régionaux », plus dans l'air du temps. Parallèlement, l'introduction de matériels neufs (autorails, automotrices électriques et voitures) donne un sérieux coup de jeune à des relations qui bénéficient d'autres attentions comme des réductions tarifaires ou la création de forfaits destinés à favoriser le retour aux trains d'une clientèle déçue par un mode de transport en déclin.

A partir des années 1980, la plupart des compagnies européennes entament un vaste programme de modernisation qui n'oublie pas les installations et les gares. Des centaines d'autorails neufs, rapides et confortables mais aussi des milliers de voitures sortent des usines pour redonner du lustre à des liaisons qui commencent à percevoir les bienfaits des améliorations engagées. On assiste même à la réouverture de lignes fermées faute de voyageurs, une décision impensable une dizaine d'années auparavant.

Si la demande en constante augmentation nécessite pour les services de banlieue des trains de plus en plus long, une vieille idée des années 1930 ressurgit avec la mise en service de voitures à deux niveaux offrant une capacité supérieure. Si, en Europe, la France, les Pays-Bas, la Belgique et la Suisse suivent ce mouvement, on assiste à sa concrétisation également aux Etats-Unis et au Canada où certains services de grande banlieue sont pourvus de matériels à deux niveaux.

Si, en Allemagne réunifiée, le grand retour des voitures à niveaux se situe au milieu des années 1990, le temps des voitures ex-prussiennes est révolu à jamais en laissant la place à des véhicules confortables, spacieux. Les chemins de fer ont su dans ce domaine également démontrer leur vitalité.

Ci-dessous. En provenance de Creil, ce train à destination de Paris-Nord est composé de voitures omnibus à deux niveaux (V02N) de la SNCF. Il franchit le viaduc de la Reine blanche.

Ci-dessus. Ce train régional de la compagnie privée SVB, composé d'automotrices de construction récente, assure une liaison Lamprechtshausen-Salzbourg. Il marque l'arrêt en gare de Bürmoos (Autriche).

Ci-contre. Un « cityshuttle » des ÖBB effectue une liaison Bruck an der Mur-Villach ; tracté par une BB 1142.5, il vient de quitter la gare de Mariahof-St. Lambrecht (Autriche).

En bas, à droite. Arrivée en gare d'Interlaken Ost (Suisse) d'un train régional en provenance de Meiringen sur la ligne à voie métrique du Brünig.

Ci-dessous. Arrêt en gare de Campo di Trens/Freienfeld (Sud Tyrol) d'un train interrégional à destination de Bologne (Italie).

Les voitures et trains à deux niveaux

Pendant une bonne cinquantaine d'années, la solution de voitures à deux niveaux reste oubliée en Europe de l'Ouest. Si dans les années 1950, divers pays d'Europe de l'Est (RDA et Pologne notamment) ont résolu les problèmes de transport par l'utilisation intensive de voitures à deux niveaux y compris sur les grandes lignes, la pertinence de cette solution ne trouve grâce qu'au début des années 1980. L'arrivée massive en France de voitures à deux niveaux destinées à revigorer et améliorer les services de banlieue ouvre la voie à d'autres pays comme l'Italie et l'Espagne. Aux Pays-Bas, l'automotrice à deux niveaux se développe tandis que la SNCF puis la RATP se dotent d'automotrices du même type pour le Réseau express régional parisien.

La DB en Allemagne ne suit le mouvement qu'à partir de 1990 et ce type de matériel assure des trains express entre diverses villes de moyenne importance ou au départ des grandes métropoles germaniques vers les banlieues. Les CFF en Suisse ont de leur côté mis en service des trains Intercity à deux niveaux, suivis par les ÖBB qui ont acquis du matériel destiné aux trains régionaux à moyenne distance.

Aux Etats-Unis et au Canada, le matériel à deux niveaux est aussi en vogue pour acheminer les banlieusards vers les bassins d'emploi. Plusieurs compagnies locales ont acquis ce type de matériel.

Autre manifestation éclatante de l'utilité du matériel à deux niveaux, les TGV « Duplex » de la SNCF qui roulent entre Paris et Lyon principalement. La capacité accrue en places assises reste l'atout majeur de ce matériel.

Ci-dessus. A Toronto au Canada, les trains de banlieue sont composés de voitures à deux niveaux.

Ci-dessous. La filiale DB Regio de la DB a acquis plus de voitures à deux niveaux, fort appréciées sur des relations régionales mais aussi en service express à moyenne distance. Ici, un train en provenance de Neustadt roule vers Fribourg (Allemagne).

Ci-dessous. Les ÖBB en Autriche ont suivi le mouvement avec un temps de retard, mais ont mis en service de nombreuses unités. Ici, l'une d'elles a été photographiée en gare de Lienz.

Les TRAINS de FRET

DES MARCHANDISES POUR LE RAIL

De nombreuses années durant, les Chemins de fer fédéraux suisses ont gardé comme slogan « pour vos marchandises, le rail » n'hésitant pas à le reproduire sur des wagons. Ceci résumait bien la capacité de réponse des chemins de fer dans le transport de toutes sortes de marchandises.

Il est nécessaire de rappeler que l'origine de ce mode de transport se trouve dans le souci d'aider les industriels d'alors au transport de leur production minière ou de leurs produits manufacturés. Il est clair que ce transport vital et surtout rentable est resté primordial aux yeux des compagnies qui en tiraient un revenu substantiel tout en considérant le transport des voyageurs comme une source annexe. Aussi, les parcs roulants dédiés aux marchandises ont-ils été conséquents et variés dès les débuts des chemins de fer mais avec un groupe de base comprenant le wagon couvert, le plat, le tombereau puis le wagon-citerne. C'est que les trains peuvent quasiment tout transporter – y compris désormais les déchets nucléaires – en toute sécurité : le bois, le charbon, les produits pétroliers, les minerais, les carburants, les produits sidérurgiques, les automobiles, les fruits et les légumes et du poisson !

Ci-dessous. **Photographié dans les années 1920, ce train de marchandises roule sur la ligne à voie métrique de la Bernina en Suisse. Il se compose de sept couverts et de deux tombereaux.**

L'augmentation des charges à transporter a conduit à la mise en service de matériels roulants plus adaptés, notamment avec l'emploi grandissant de wagons à bogies et non plus à essieux. Pouvant rouler plus vite, ils présentent surtout l'avantage majeur d'accepter des charges supérieures et permettent une exploitation plus rentable.

L'instauration en Europe d'un système international permettant le réemploi d'un wagon dans un pays autre que celui d'origine a rationalisé les échanges de marchandises par le rail. Parallèlement, la recherche du meilleur coût mais aussi une limitation du trafic diffus ont conduit à la suppression de nombreux trains de desserte roulant sur des axes de faible importance ou sur des lignes secondaires.

Cette tendance a touché l'ensemble des continents, mais aux USA la réorganisation des petites lignes à faible trafic a débouché sur la création d'une multitude de compagnies exploitant des « short lines », en correspondance avec les grands réseaux animés par des fusions et des regroupements. En outre, d'importantes sociétés spécialisées ont été créées pour le transport frigorifique, d'automobiles, de conteneurs ou encore de céréales. La grande majorité des parcs fret des compagnies est donc augmentée d'une part non négligeable de « wagons de particuliers » privés. Plus récemment, des entreprises se sont spécialisées dans la location de wagons

Ci-dessus. Les wagons à deux essieux sont de plus en plus remplacés par des wagons à bogies comme ce wagon tombereau appartenant à la division fret de la compagnie polonaise PKP.

Ci-dessous. Tracté par une locomotive à vapeur série 140 C, ce train de détail, composé de wagons isolés, vient de quitter Is-sur-Tille et se dirige vers Châtillon-sur-Seine.

Ci-contre. Un train composé de wagons isolés roule sur l'axe international Fribourg-Bâle, emmené par une puissante CC 151 électrique de la société DB Cargo/Railion (Allemagne).

pour éviter à certaines compagnies le garage d'un trop grand nombre de wagons dans l'attente de fret à transporter.

Toutefois, la prépondérance du trafic routier au détriment du rail, réalisée au cours des trente dernières années du XXe siècle en Europe, a redéfini le secteur et a entraîné des choix et des stratégies nouvelles. Le train complet, n'acheminant qu'un seul type de produit, a le vent en poupe car la route ne peut rivaliser sur certains poids et sur certaines distances.

La libéralisation du trafic fret en Europe a ouvert une nouvelle voie avec l'apparition progressive d'opérateurs privés autorisés désormais à circuler sur les réseaux nationaux avec leurs propres engins de traction, électriques ou diesels, et leurs propres wagons. En Allemagne, où ce libéralisme gagne en consistance rapidement, les compagnies se sont multipliées par centaines créant une concurrence « saine » entre les acteurs.

Parallèlement, des associations de compagnies ferroviaires sont aussi venues modifier le paysage ferroviaire. La plus importante, qui regroupe DB Cargo (Allemagne), NS Fret (Pays-Bas) et DSB Fret (Danemark), exploite des trains sous la raison sociale Railion, tandis que les CFF ont créé une filiale italienne, Swiss Rail Cargo, dans le but d'opérer des trains entre les deux pays, non plus uniquement sur la partie suisse mais aussi sur la partie italienne. Bien que des essais aient été réalisés à maintes reprises, la vitesse maximale des trains de fret reste en deçà de celles pratiquées par la grande vitesse. Toutefois, la généralisation des wagons aptes à 160 km/h, puis dans le futur à 200 km/h, ouvrira des perspectives nouvelles dans un domaine où les experts s'attendent à des progressions très importantes. Pour répondre à ce développe-

Ci-dessous. Un lourd train complet de minerai est confié à une CC 14100 de la SNCF; il a été photographié sur l'artère nord-est près de Thionville.

ment, divers tunnels (Saint-Gothard, Simplon, Brenner) sont en construction ou sont sur le point d'être entamés.

La redécouverte de trains de ferroutage, bien que plus lente qu'espéré, va leur donner les moyens de devenir une composante importante du futur réseau de trains de fret. Mais l'étape suivante pourrait se concrétiser sous la forme de trains à grande vitesse destinés à certains types de transports. La Poste en France est la seule à disposer de deux rames à grande vitesse.

Ci-dessus. Un court train de fret sur la ligne du chemin de fer local de Salzbourg, vu ici en gare de Bürmoos (Autriche) tracté par la locomotive électrique E 71.

Ci-dessous. Un train de marchandises, acheminant essentiellement des céréales, franchit le viaduc de Malleco (Chili), long de 350 m.

TRAINS COMPLETS ET SPECIALISES

A l'opposé des trains de desserte composés de wagons à trafics diffus et destinations multiples, des trains spécialisés n'assurent que le transport d'un type donné de marchandises. On parle alors de train complet.
Leur tendance est à la progression car ils circulent généralement entre un point de chargement et un point de livraison, sans passer par un triage. Leur acheminement est donc plus rapide et la rotation des wagons plus rationnelle. Les autres trains, à trafics multiples et wagons dits « isolés », ont l'inconvénient de destinations diverses, obligeant la refonte des rames par le transit dans des triages. Généralement, les délais d'acheminement s'en trouvent allongés et les clients ne reçoivent leur wagon que selon un plan de distribution prenant en considération le nombre d'arrêts pour desserte.

Ci-dessus. Tracté par un locotracteur, un train complet de wagons à parois coulissantes chargés roule sur l'embranchement particulier d'une usine près d'Euskirchen et roule vers le point de jonction avec le réseau de la DB.

Ci-dessous. Un train complet de wagons assurant le transport des colis à 200 km/h file vers Tours en provenance de Paris.

Ci-dessous. Entrée en gare de Gmunden (Autriche) d'un train complet de wagons destinés au transport de charbon et tracté par une BB série 1163 des ÖBB.

Les marchandises transportées sont variées : des automobiles neuves, des céréales, des produits pétroliers, des eaux minérales ou encore du bois. Les wagons employés à ce type de transport sont souvent fournis par des entreprises spécialisées propriétaires de « wagons de particuliers ».

Appréciés des compagnies ferroviaires, car faciles à organiser et à acheminer, les trains complets sont en vogue au détriment des trains à trafics diffus qui coûtent cher en distribution. Certains pays les réduisent fortement (USA, France, Allemagne), tandis que d'autres comme la Suisse redécouvrent les vertus des wagons isolés qui sont une bonne part du trafic fret intérieur ou en transit dans ce pays.

Ci-dessus. Les automobiles neuves représentent une part non négligeable du trafic fret ferroviaire ; ici un train de voitures françaises roule sur la ligne des Tauern (Autriche).

Ci-dessous. Un court train d'hydrocarbures roule sur la ligne du Saint-Gothard dans le sens sud-nord (Suisse).

TRANSPORT COMBINE

Le transport ferroviaire dit « combiné » concerne d'une part les conteneurs et d'autre part le « ferroutage » et ses différents systèmes d'acheminement d'engins routiers. Il associe donc le rail et la route sur la distance la plus importante du parcours et la route pour les dessertes terminales aux deux extrémités. Ce système s'appuie sur une organisation adaptée et il permet la prise en charge de marchandises « de porte à porte » partout en Europe, tout en profitant de la souplesse de la route et de la régularité du chemin de fer.

La première composante de ce secteur concerne les conteneurs, dont la première utilisation ferroviaire a été réalisée aux Etats-Unis. Ils ne sont apparus en Europe que dans les années 1960 avec une utilisation modeste dans les premiers temps. Mesurant 6, 9 ou 12 m, ces conteneurs roulent sur des voies ferrées mais aussi sur des camions, en voie fluviale ou en voie maritime. Des conteneurs plus grands ont été mis en service, notamment aux Etats-Unis.

Sur le plan ferroviaire, ils sont acheminés sur des wagons plats spécialisés sans que les marchandises ne subissent une manutention directe, le transfert des conteneurs s'effectuant dans des chantiers spécifiques.

Autre voie pour acheminer des marchandises selon la technique rail-route : les caisses mobiles. Ce sont des superstructures de camions à parois bâchées qui peuvent être facilement séparées de leurs châssis.

Ce secteur dispose d'une troisième voie sous la forme de semi-remorques acheminées par des wagons-poche appelés « kangourous » ; la semi-remorque équipée de moyens pour la préhension est alors chargée ou déchargée verticalement par une grue spéciale.

En Europe, c'est en Autriche qu'est née en 1975 la technique dite des « routes roulantes ». Il s'agit du transport de camions complets, tracteur plus remorque, sur des wagons plats surbaissés. D'abord timide, la solution préconisée gagne en importance et les pays voisins

En haut, à gauche. Ferroutage aux Etats-Unis où ce long train de la compagnie Santa Fe comporte divers wagons porte-remorques de camions.

Ci-contre. Un wagon-poche surnommé « kangourou » présenté lors d'une manifestation publique en gare de Paris Montparnasse. Il transporte une remorque de camion.

Ci-dessus. Ces wagons-poche acheminent des remorques routières et roulent sur la partie italienne de la ligne internationale du Brenner.

Ci-dessous. Installation d'un conteneur sur un wagon en gare marchandises de Bâle (Suisse).

Ci-dessus. Un train de « route roulante » non loin de Fribourg (Allemagne) approche de Bâle (Suisse).

comme la Suisse et l'Allemagne emboîtent le pas. La Confédération helvétique est comme sa voisine autrichienne confrontée à un trafic de camions de transit en hausse continue. Bien que convaincant, ce système va se heurter à diverses contraintes techniques et rester bien en deçà des espérances. Dans le futur, cependant, elle va connaître des nouveaux développements. En trente années d'exploitation, les « routes roulantes » ne représentent qu'une vingtaine de relations concernant l'Autriche, la Suisse, l'Allemagne, l'Italie, la République tchèque, la Hongrie et la Slovénie. D'autres pays comme la Pologne ou la Biélorussie devraient rejoindre les pays usant de ce type de transport.

Entre la France et l'Italie, une première tentative de « route roulante » a été inaugurée au cours de l'automne 2003, en utilisant des wagons conçus par la société Lohr. Diverses études économiques prévoyant un fort développement du trafic de transit, on peut s'attendre à une augmentation du nombre des trains transportant des camions. Pour le bien-être des chauffeurs, des voitures-couchettes ou de détente sont à leur disposition tout au long du parcours.

L'ouverture du tunnel sous la Manche a permis la création de navettes fret avec une technique sensiblement différente, les wagons étant pourvus de roues à diamètre normal. Un fort trafic de transit via le tunnel est assuré dans les deux sens.

DES CAMIONS SUR LES TRAINS

Développé timidement depuis 1975, où une première liaison de camions embarqués sur des wagons traverse l'Autriche, le ferroutage est une solution d'avenir pourvu que l'on lui donne tous les moyens de s'exprimer. Inventée pour désengorger les transits alpins au départ puis d'autres axes routiers d'importance par la suite, cette solution a bien des avantages et garantit une vie meilleure à de nombreuses vallées. Acheminés sur des wagons surbaissés, les camions n'effectuent qu'une partie de leur trajet sur les trains. Les conducteurs sont accueillis soit dans des voitures-bars ou des couchettes la nuit tandis que le train progresse vers son terminus. Bien développé depuis une bonne vingtaine d'années, le système du ferroutage va connaître un essor important au cours des décennies à venir. Entre la France et l'Italie, un nouveau type de wagons est testé pour définir le futur trafic entre ces deux pays via le mont Cenis et la Maurienne.

Ci-dessous. L'une des premières relations de « route roulante » via la ligne du Saint-Gothard ; les wagons surbaissés transportent des camions entiers.

Ci-dessus. A la fin de 2003, de nouveaux wagons porte-camions ont été mis en service pour assurer les navettes de ferroutage sur la ligne de la Maurienne entre la France et l'Italie. La photo montre un train d'essai.

LA POSTE ET LE RAIL

Les premières voitures postales sont apparues dès l'origine des chemins de fer. D'abord de simples wagons couverts en bois sommairement préparés, les matériels ont par la suite suivi l'évolution technique des chemins de fer. L'emploi de wagons à bogies offrant une capacité accrue et une vitesse de roulement plus rapide en est une étape importante. Leur nombre a aussi varié et pris de l'ampleur au fil des ans. En 1914, ce sont pas moins de sept cents voitures postales qui sont en service sur les cent soixante-quinze services assurés dont certains nécessitent l'emploi des fourgons en appoint pour faire face au volume transporté.

Dans certains pays, comme la Belgique ou les Pays-Bas, des automotrices électriques spécialisées ont assuré le transport du courrier et des colis postaux tandis qu'en France des automoteurs sont venus renforcer le parc de voitures postales.

Deux activités ont été réalisées à bord de ces trains ou voitures postales : le tri systématique du courrier, mais aussi le transport de

Ci-dessus. Un fourgon postal à bogies en service sur les Chemins de fer rhétiques (RhB) stationne en gare de Saint-Moritz (Suisse).

Ci-dessous. Un train international de la Compagnie du Nord dans les années 1920. Après le fourgon roule une voiture postale à deux essieux.

Ci-dessus. Une rame automotrice postale de la SNCF (RAP) qui acheminait des conteneurs. Leur durée de vie sera brève.

Ci-dessus. Arrivée dans l'ancienne gare de St. Anton am Arlberg d'un train postal des ÖBB (Autriche). La première voiture juste derrière la locomotive appartient à l'administration postale du pays.

WAGON OU VOITURE ?

Si le matériel postal entre plutôt dans la catégorie fret, les fourgons destinés à ce trafic ont été classés dans la catégorie voyageurs car ils entraient généralement dans la composition des trains de grandes lignes. C'est pourquoi on parle plus volontiers de voiture postale. Mais l'appellation fourgon postal n'est pas une grosse erreur cependant.

colis puis par la suite de conteneurs postaux. Le développement des routes et des autoroutes puis l'essor de l'aviation civile vont réorganiser divers services postaux, conduisant à une réduction des services ferroviaires.

Lentement, les services postaux par fer vont connaître le déclin. Si en France, en Allemagne, aux Pays-Bas, l'élimination est quasi totale, certains pays disposent de quelques services postaux ferroviaires.

Dans ce secteur comme dans bien d'autres, les décisions ne paraissent pas figées. En

Aux Etats-Unis, plusieurs tentatives d'intrusion de l'Etat s'avèrent peu fructueuses. La création de la société USRA (United States Railroad Administration) en 1917 est de courte durée – environ trois ans – et l'organisme ICC (Interstate Commerce Commission) n'obtient pas les résultats escomptés, les compagnies privées américaines restant hostiles à l'intervention de l'Etat dans leurs affaires. Ce n'est qu'en 1971 que naît la société National Railroad Passenger Corporation, plus connue sous le sigle « Amtrak », destinée à sauver et surtout revitaliser le trafic voyageurs en perte de vitesse car les grandes compagnies préfèrent le transport du fret beaucoup plus lucratif dans un pays où l'aviation est omniprésente. En Europe, la Belgique suit le mouvement en 1926 et en 1938 la SNCF voit le jour en France. Elle reprend les actifs des compagnies célèbres comme le PLM (Paris-Lyon-Méditerranée) ou encore de la Compagnie du Nord ainsi que des cinq autres sociétés exploitant des lignes dans l'Hexagone. La même année, les Pays-Bas suivent le mouvement avec la création des NS et l'Espagne sortie meurtrie d'une guerre civile se dote d'une compagnie nationale la RENFE. Berceau du chemin de fer, la Grande-Bretagne ne nationalise ses chemins de fer qu'en 1946, au lendemain de la Seconde Guerre mondiale.

Ci-dessus. La filialisation de l'entreprise ferroviaire nationale a donné naissance à Fret SNCF. Sur la photographie, la BB 467597 arbore les couleurs de la société.

Ci-dessous. Amtrak est la compagnie américaine en charge des trains de voyageurs depuis 1971.

PRIVATISATIONS, NATIONALISATIONS

A la création des chemins de fer, les exploitants étaient des compagnies privées. Après des années d'un réel essor, les Etats ont dû commencer à combler les déficits au nom du « service public ». Partant de ce constat, plusieurs nations ont décidé de nationaliser les chemins de fer pour les exploiter de manière plus rationnelle et en conformité avec leurs engagements financiers. Après de nombreuses années stables, l'éclatement de British Rail en Grande-Bretagne a ouvert une période de privatisations à grande échelle. Comme l'Union européenne soutient activement le processus de libéralisation, l'avenir des entreprises privées est prometteur. Celui des grandes entreprises nationales l'est beaucoup moins et les diverses mesures opérées pour désendetter les grandes sociétés n'ont donné que des résultats moyens. A terme, tout le système ferroviaire – à l'échelle mondiale – sera aux mains de groupes financiers.

L'histoire ferroviaire est marquée d'incessants retours en arrière. Depuis le milieu des années 1990, l'on assiste à la privatisation des réseaux ferroviaires. En fait, au cours de son histoire le chemin de fer n'a pu échapper à la présence de réseaux privés. En Suisse et en Autriche celles-ci sont restées bien vivaces mais leur taille est parfois modeste.
La plus grande opération de privatisation a eu lieu en Grande-Bretagne où la compagnie British Rail a vécu pour laisser la place à une trentaine d'entités diverses. Las, cette privatisation ne s'est pas déroulée comme prévu par leurs promoteurs et le chemin de fer n'y a pas toujours gagné en ponctualité, sécurité ou service. La libéralisation prônée par l'Union européenne et Bruxelles est la voie ouverte à la privatisation délibérée du réseau ferroviaire européen. Celle-ci est en marche et se matérialise par la création de nouvelles entreprises dans le domaine. C'est aussi à moyen terme la fin des entités dépendant des Etats.

Ci-dessus. De conception allemande, cette locomotive électrique grecque porte une livrée tricolore rehaussée du sigle de la compagnie.

Ci-dessous. Départ du train de nuit « Tolstoï » effectuant la liaison Helsinki-Moscou. Les locomotives finlandaises arborent l'ancien et le nouveau sigle.

LES COMPAGNIES PRIVEES

Si les compagnies ferroviaires des débuts étaient avant tout des sociétés à capitaux privés, celles des années 1930 sont le plus souvent reprises par les Etats qui sont de plus en plus sollicités pour l'obtention d'importantes subventions de fonctionnement.

Parallèlement, diverses compagnies privées ont réussi à se maintenir, notamment en Suisse où les Chemins de fer fédéraux (CFF) nés en 1902 côtoient des dizaines d'entités de plus ou moins grande taille comme les Chemins de fer rhétiques (RhB) dans les Grisons, qui exploitent un réseau à voie métrique, ou encore la compagnie du Berne-Lötschberg-Simplon, partenaire de la compagnie fédérale depuis 1913.

En Grande-Bretagne les compagnies du London Midland Scottish Railway (LMS) ou London & North Eastern Railway font partie d'un groupe restreint composé de quatre entreprises obtenues par la fusion de divers réseaux. Cette restructuration, bien que forcée par le Parlement britannique, a sans doute permis le maintien d'un grand nombre de lignes menacées de fermeture mais le poids des charges financières va peser lourd dans le devenir de ces entités.

Le temps des nationalisations étant désormais de l'histoire, la privatisation des chemins de fer est d'actualité depuis une bonne dizaine d'années. La plus marquante est sans nul doute celle opérée en Grande-Bretagne où vingt-cinq sociétés ont obtenu les concessions proposées par le ministère de tutelle.

Aux Etats-Unis, l'importance des compagnies privées ne se dément pas mais au prix de fusions fréquentes, permettant la constitution de sociétés immenses exploitant des trains de marchandises rentables et laissant le transport des voyageurs – subventionné – à la fragile société « Amtrak ». Parallèlement, de petites entités dénommées « short lines » subsistent assurant un trafic local ou régional tout en alimentant en wagons les lignes principales. Au Canada, les deux compagnies Canadian Pacific (CP) et Canadian National (CN) n'exploitent que des trains de marchandises tandis que la société VIA Rail est en charge du réseau des trains de voyageurs canadiens. D'autres compagnies de plus petite taille comme l'Ontario Northland Railway (ONR) exploitent également des trains de voyageurs.

Au Japon, la compagnie nationale JNR (Japan National Railways) a laissé la place à un

Ci-dessus. La Suisse dispose d'un vaste réseau ferroviaire privé ; ici une automotrice récente de la compagnie Rorschach-Heiden-Bergbahn à voie normale.

Ci-contre. Les Chemins de fer rhétiques (Suisse) sont parmi les plus actifs du réseau suisse. Toutes les lignes exploitées, près de 400 km, sont à voie métrique. Gare de Filisur, sur la ligne de l'Albula.

groupe d'opérateurs privés regroupés dans l'entité JR (Japan Rail), mais celle-ci côtoie aussi des entreprises régionales assurant une bonne part du trafic ferroviaire marchandises mais aussi voyageurs.

Si, en Autriche, diverses compagnies privées sont restées actives, comme les Chemins de fer régionaux de Styrie (StLB) détenus par le Land de Styrie ou comme la société du Graz-Köflacher Bahn (GKB), la DB qui a fusionné avec la DR d'Allemagne de l'Est peu après la réunification a longtemps coopéré avec diverses sociétés régionales ou locales comme les Chemins de fer du Hohenzollern (HzL) ou encore la compagnie SWEG dans le sud-ouest du pays. La réunification a aussi permis la privatisation du réseau à voie métrique du Harz autrefois intégré au sein de la DR en République démocratique allemande. La libéralisation du trafic ferroviaire a ouvert la voie à la création de concurrents encore de taille modeste mais la réorganisation inadaptée du rail en Allemagne a ouvert une brèche dans laquelle se sont engouffrés divers opérateurs à vocation internationale comme Connex. Cette société a réussi à concurrencer

Ci-dessus. Les Chemins de fer régionaux de Styrie (Autriche) exploitent plusieurs lignes à voie normale ou étroite comme la célèbre Murtalbahn, avec ici un autorail en gare de Murau.

Ci-dessous. La privatisation du réseau britannique a multiplié les opérateurs ; la société Connex en fait partie mais elle exploite aussi des réseaux hors de Grande-Bretagne.

la DB sur les grandes lignes, une première dans ce pays. Si le trafic voyageurs à moyenne et grande distance s'ouvre aux compagnies privées, c'est le trafic des marchandises qui attise les convoitises. La multiplication de sociétés spécialisées a donné du tonus aux constructeurs et aux sociétés de locations de matériels, mais cette concurrence n'est pas du goût de la DB même si elle correspond à des directives précises édictées par la Commission de Bruxelles.

La partition de grandes entreprises comme la SNCF ou la DB – les secteurs d'activité sont devenus des sociétés à part entières agissant comme des filiales – est une étape dans la possible privatisation de secteurs. Pour l'heure, les Etats français et allemand sont les seuls actionnaires de ces compagnies, mais la DB a évolué privatisant sa société DB Cargo en charge du fret qui est devenue un élément de la société Railion. Celle-ci a, par la même occasion, pris le contrôle des sociétés de fret ferroviaire du Danemark et des Pays-Bas.

Si les trains à grande vitesse restent encore sous la responsabilité des compagnies dites nationales – alliées dans divers groupements, il est vrai – l'avenir dans ce domaine est aux trains privés mais à plus long terme.

Ci-dessus. La société néerlandaise ACTS est l'un des nombreux opérateurs privés actifs dans le domaine du fret international.

Ci-contre. Un autorail en gare terminus d'Edolo (Italie). Il appartient à la compagnie privée FNM dont le siège est à Milan.

LES « GROUPEMENTS »

La fin des années 1990 est marquée par la création de « groupements » dont les acteurs sont des compagnies nationales. Les TGV franco-suisses entre Paris et Lausanne sont exploités sous l'appellation « Ligne de Cœur » ; cette marque a depuis laissé la place à « Lyria ». C'est la naissance des trains à grande vitesse Eurostar qui marque un tournant dans cette évolution.

Lancés par les chemins de fer britanniques, français et belges, ces trains relient les trois capitales depuis 1994 et l'achèvement du tunnel sous la Manche. Celui-ci est aussi emprunté par les navettes « Shuttle ».

Une autre étape est franchie avec la création des trains à grande vitesse « Thalys » mis en marche conjointement par la SNCF, la DB (Allemagne), la SNCB (Belgique) et les NS (Pays-Bas). Desservant Bruxelles, Amsterdam et Cologne par exemple, les trains rouges – beaucoup plus rapides que les trains classiques qui desservaient ces villes – contribuent au développement ferroviaire européen. L'achèvement de la construction de la ligne nouvelle à grande vitesse sur le sol néerlandais donnera du tonus supplémentaire à cet axe important en trafic touristique. Société italo-suisse, Cisalpino exploite les trains de grande ligne entre Zurich et Milan (Italie) et Milan-Stuttgart (Allemagne).

Dans le domaine des trains de nuit, la tendance se développe également. Après les trains France-Espagne dénommés Trains Talgo Transpyrénées (TTTP) aujourd'hui repris sous le sigle Elipsos, un organisme franco-italien du nom d'Artesia organise et exploite les trains de nuit des relations Paris-Rome, Florence, Milan et Venise mais aussi les

En haut, à gauche. Les voitures-lits et couchettes de la compagnie germano-suisse CityNightLine arborent leur raison sociale de manière très lisible.

Ci-dessus. Le sigle « Thalys » côtoie celui des NS (Pays-Bas) en gare centrale d'Amsterdam.

En bas, à gauche. Bien que pourvue du sigle DB Cargo, cette locomotive diesel appartient à l'entité internationale Railion qui exploite le fret en Allemagne, aux Pays-Bas et au Danemark.

Ci-dessous. La libéralisation du transport ferroviaire a ouvert la voie à de nombreux opérateurs souvent composés de groupements de sociétés ; cette locomotive roule pour le compte de la société Rail4Chem.

Ci-dessus. Exploitée par la compagnie italo-suisse Cisalpino, cette automotrice pendulaire qui effectue une relation Stuttgart-Milan marque l'arrêt en gare de Singen (Allemagne).

relations de jour entre Lyon, Milan et Turin. Mettant en marche du matériel neuf ou modernisé, les trains Artesia circulent sur des axes porteurs en trafic touristique ou de vacanciers.

Parallèlement, la société CityNightLine – où figurent la DB (Allemagne), les CFF (Suisse) et les NS (Pays-Bas) qui ont remplacé les ÖBB (Autriche) – exploite un réseau de trains de nuit en pleine expansion au départ de villes allemandes vers la Suisse (Zurich), les Pays-Bas (Amsterdam) et l'Autriche (Vienne). Peints en bleu foncé, ces trains offrent des prestations variées répondant aux critères des diverses catégories de voyageurs et de leurs budgets.

Les organismes groupés ne fonctionnent pas que dans le domaine des trains de voyageurs. Dans le secteur fret aussi divers groupements ont démarré leurs activités. Le plus important reste « Railion » devenu filiale d'un important groupe logistique qui regroupe l'activité fret de la DB, des Pays-Bas et du Danemark.

La libéralisation des chemins de fer sur le continent européen, déjà maintes fois évoquée car c'est une actualité de tous les jours, a permis la constitution d'organismes divers en Allemagne où figurent parfois des concurrents d'hier devenus partenaires aujourd'hui. Ils obtiennent la concession de lignes voyageurs, comme en Bavière où les trains « Alex » (Allgau Express) issus de la coopération d'une société allemande et d'une société suisse ont remplacé les trains DB entre Munich et Oberstdorf par exemple, mais aussi dans le domaine des trains de fret où leur nombre évolue presque chaque mois. Il est vrai que le développement attendu de ce domaine ouvre des perspectives nouvelles.

Les CFF et leur filiale CFF Cargo se sont alliés avec les FS pour créer un organisme destiné à contrer les initiatives privées.

Il semble désormais acquis que l'arrivée de nouveaux membres dans la Communauté économique européenne va multiplier le nombre des groupements dans le futur.

Ci-dessous. Les trains régionaux de la compagnie Oberpfalzbahn ont été mis en marche par un groupement dans lequel figurent la filiale de la DB, DB Regio et la société privée Regentalbahn.

La NOSTALGIE

LES CHEMINS DE FER TOURISTIQUES

Les chemins de fer entrent dans les années 1960 dans une longue période d'immobilisme et de déclin. De nombreuses lignes, en mal d'investissements pour leur redonner une vigueur nouvelle, connaissent des réductions de service dans le meilleur des cas, tandis que d'autres ferment purement et simplement.

Si le phénomène est au départ limité, les besoins d'économie des compagnies ferroviaires entraînent de nombreuses fermetures de lignes secondaires, parfois à la hâte et sans réel examen des incidences futures. Chaque modification de service, deux fois par an, l'été et l'hiver, est accompagnée de sa liste de suppressions en France et en Allemagne. Le monde associatif en plein devenir ne laisse pas passer l'occasion et organise diverses commémorations mais aussi fait connaître son intention de ne pas laisser disparaître des lignes construites le siècle précédent et qui ont su participer au développement des régions traversées.

Ainsi, des organismes se créent dans le but de sauver de la démolition des lignes entières ou parfois des portions de ligne. Leur objectif est de les réhabiliter à terme et de les exploiter de manière touristique à la belle saison et

Ci-dessous. La ligne Mariembourg-Treignes (Belgique), fermée à tout trafic pendant plusieurs années, a pu renaître comme chemin de fer touristique grâce au chemin de fer des Trois-Vallées. La 64.250 de construction allemande tracte un train militaire lors d'un festival thématique.

Ci-dessus. Un train à vapeur sur la ligne à voie de 0,750 m Ochsenhausen-Warthausen (Allemagne). C'est la locomotive 99.788 ex-DR qui officie ce jour-là.

généralement les samedis, les dimanches et jours de fête. Les premiers chemins de fer touristiques naissent ainsi à la fin des années 1960 avec le démantèlement du réseau du Vivarais en France et diverses lignes locales en Allemagne, à voie étroite.

Les fermetures se succédant, le nombre des lignes touristiques ou musées grandit dans les pays déjà nommés mais aussi en Grande-Bretagne, en Italie ou en Autriche. Aux Etats-Unis où le rail connaît une traversée du désert liée à une concurrence aérienne fort active, des lignes oubliées sont réactivées dans des régions touristiques comme celle près du Grand Canyon (Etats-Unis).

Si les succès sont fort nombreux, divers échecs marquent également le mouvement. Quelques lignes pourtant dignes d'intérêt – au Salzkammergut en Autriche par exemple – ne trouvent pas grâce aux yeux des pouvoirs publics locaux et le démantèlement est total. D'autres lignes sont éliminées au profit de pistes cyclables ou de chemins de randonnée. Le retour en grâce des liaisons régionales et le

Ci-contre. Pour fonctionner en toute quiétude, le matériel des chemins de fer touristiques est entretenu avec sérieux, comme ici sur le chemin de fer de la baie de Somme.

Ci-dessus. Locomotive autrichienne, voitures suisses et ligne allemande : un exemple de l'internationalité des chemins de fer touristiques comme ici sur la Wutachtalbahn, dans le sud du pays.

Ci-dessus. Les chemins de fer touristiques font également appel à des locomotives diesels historiques, comme ici le chemin de fer touristique de la Sarthe qui dispose d'une belle collection.

renouveau des chemins de fer partout dans le monde ont ralenti fortement le développement des chemins de fer touristiques dont le nombre n'évolue que très légèrement.
Parallèlement, on assiste à l'éclosion de circulations de « trains nostalgiques » sur des lignes encore exploitées et plus particulièrement en Suisse ou en Autriche où le modernisme et la tradition des trains d'autrefois sont entretenus de façon bien vivace. Grâce à toutes ces initiatives, un nombre impressionnant d'anciennes locomotives à vapeur, d'autorails ou de voitures anciennes retrouvent une seconde jeunesse et roulent pour le plaisir de voyageurs heureux de se retremper l'espace d'un voyage dans les conditions d'antan. C'est aussi l'un des points forts de ces sympathiques lignes touristiques. Devenues nécessaires à l'économie des régions où elles sont exploitées, ces lignes ont avant tout un caractère ludique évident, mais elles sont aussi des témoins indissociables du passé ferroviaire européen et mondial.

Ci-dessus. Ayant autrefois circulé en Suisse, cette voiture à bogies a été rénovée pour rouler sur le chemin de fer touristique à voie métrique Amstetten-Oppingen (Allemagne).

Ci-dessous. La 298.56, à voie de 0,760 m et construite en 1900, a été restaurée par le Club 760 pour reprendre du service sur la ligne touristique Mauterndorf-St. Andrä (Autriche) appelée Taurachbahn.

Ci-dessus. Au Pays basque espagnol se trouve un intéressant chemin de fer touristique à voie métrique situé près d'Azpeitia.

PATRIMOINE ET MONDE ASSOCIATIF

Parallèlement aux associations en charge de l'exploitation des chemins de fer touristiques, d'autres organismes se créent avec des motivations variées. Certaines associations défendent le souvenir de la traction à vapeur, d'autres organisent des voyages lointains ou dans leur pays d'origine, tandis qu'une autre catégorie comprend des associations de défense ou de sauvegarde mais aussi de promotion de telle ou telle idée sur le plan des transports ferroviaires.

En une bonne trentaine d'années, le tissu associatif mondial connaît une réelle expansion et quelques associations ont une réputation internationale accueillant des milliers d'adhérents.

Un grand nombre d'entre elles possèdent aussi du matériel ferroviaire qu'elles entretiennent à grands frais dans le but d'obtenir les autorisations nécessaires pour circuler sur les grandes lignes mais aussi pour une sécurité optimale. Outre des matériels de traction, des locomotives à vapeur mais aussi des autorails ou encore des locomotives électriques, ces associations participent également à la rénovation de voitures historiques tout à fait dignes d'intérêt, permettant la constitution de rames historiques. Cette faculté est mise à profit par le cinéma ou la télévision qui fait appel à ce matériel historique lors de tournages. Si la nostalgie est avant tout l'affaire d'associations, quelques compagnies nationales ont suivi leur devenir avec intérêt tout en comprenant les retombées financières ou médiatiques de ce genre de circulations ou d'organisations. Après l'Allemagne où la société DB Museum fait circuler des trains nostalgiques mais entretient aussi divers musées, c'est en Autriche que les ÖBB ont

Ci-dessus. La 230 G 353, propriété de la SNCF et « monument historique » a souvent été sollicitée par le monde associatif pour la traction de trains spéciaux. On la voit ici à Paimpol.

Ci-contre. Particulièrement active, l'AJECTA en France basée à Longueville assure également la mise en marche de trains spéciaux avec son propre matériel, comme ici la 140 C 231.

Ci-dessus. La locomotive à vapeur 41.1231 appartient à l'association de sauvegarde du dépôt de Strassfurt (Allemagne). Elle tracte des trains spéciaux pour amateurs.

Ci-dessous. La locomotive X 4449 de la compagnie Southern Pacific (Etats-Unis) est mise sous pression pour les amateurs.

Ci-dessus. A l'occasion du centenaire de la ligne Gera-Weischlitz (Allemagne) en 1975, des amateurs et des cheminots se sont costumés. A l'époque où la photographie a été prise, la ligne se trouvait sur le territoire de la RDA.

Ci-dessus. Cet autorail panoramique, ayant appartenu autrefois à la SNCF, est la propriété de l'association AGRIVAP. Il est apte à rouler sur les lignes de la compagnie nationale. On le voit se dirigeant vers Tours.

créé un département Nostalgie qui dispose d'un vaste parc de tractions et de voitures historiques disponibles à l'affrètement. Les CFF en Suisse ont eux aussi suivi le mouvement et épaulent désormais les innombrables associations locales avec l'organisme « CFF Historic ». Ailleurs dans le monde, ce sont principalement aux USA et au Canada que l'on trouve des organismes solidement structurés, capables d'organiser de véritables fêtes du rail à grande échelle pendant lesquelles circulent des matériels parfaitement restaurés.

Ci-dessous. Mis en marche par la compagnie elle-même, les trains à vapeur circulant sur la ligne du Zillertalbahn (Autriche) figurent à l'horaire des trains réguliers.

LES MUSEES

En Europe, berceau des chemins de fer, les musées purement ferroviaires ou ceux accueillant un département spécifique au rail sont nombreux et variés. Grâce à des recherches méticuleuses, des matériels de traction mais aussi des voitures et des wagons témoignent de la vie passée. Parallèlement, divers objets et uniformes sont présentés aux visiteurs dans des salles d'exposition thématiques et retracent la vie ferroviaire à l'aide de photographies, cartes et plans divers.

Cet imposant patrimoine ferroviaire est visible à York (Grande-Bretagne) mais aussi à Mulhouse où a élu domicile le musée français des Chemins de fer, à Nuremberg où une filiale de la DB expose du matériel ferroviaire, ainsi qu'à Lucerne (Suisse) où le musée des Transports fait la part belle au chemin de fer. De par le monde, les musées consacrés au rail sont également nombreux et connaissent un essor régulier.
Si certains établissements ne sont que purement ferroviaires, d'autres consacrés aux techniques ou aux moyens de communication accueillent également des pièces de collection. Il existe une troisième voie qui comprend des musées à vocation spécifique comme ceux consacrés aux transports publics (tramways) ou encore exclusivement à des engins en voie étroite. Il faut ajouter la présence de musées locaux attenants à certains chemins de fer touristiques comme par exemple à Pithiviers ou Froissy en France, à Treignes en Belgique, ou Frojach en Autriche.
Permettant aux visiteurs de rêver aux voyages d'autrefois mais aussi de se souvenir des trains de leur enfance, les musées sont une composante essentielle du patrimoine ferroviaire mondial. Les projets ne manquent pas non plus dans ce secteur.

Ci-dessous. C'est à Mulhouse que le musée français des Chemins de fer est établi. Il présente l'une des plus conséquentes collections d'engins ferroviaires.

En bas. A Lucerne, le musée suisse des Transports consacre une partie de ses halles d'exposition aux chemins de fer.

Ci-dessous. En Grande-Bretagne, le musée d'York est l'établissement national qui retrace l'histoire des chemins de fer dans ce pays.

Ci-dessus. Aux Pays-Bas, le musée d'Utrecht présente différents matériels comme cette voiture-restaurant en teck ayant autrefois appartenu à la Compagnie internationale des wagons-lits et des grands express européens.

Ci-dessous. A Treignes (Belgique), un intéressant musée présente divers engins de traction d'origines diverses.

Ci-dessus. Le musée des Tramways de Vienne (Autriche) présente une rétrospective des matériels qui ont circulé sur les lignes de la capitale, comme cette motrice du type M.

Ci-dessus. Présentée à proximité de la statue de Marc Seguin à Tournon, cette locomotive à vapeur à voie métrique témoigne du rôle important joué par cet ingénieur en France.

Des machines monuments

Certaines locomotives échappent à la ferraille et se retrouvent comme monuments dans des squares ou sur des places. Rénovés extérieurement, ces engins sont souvent « simplifiés » avec le prélèvement d'organes pouvant faire l'objet de déprédations ou pouvant engager la sécurité. Longtemps destinées à témoigner à leur manière, certaines d'entre elles ont quitté leur socle après de nombreuses années d'immobilisme pour reprendre du service en ligne, en raison d'une forte demande et d'une pénurie de machines disponibles.

Ci-contre. La locomotive à vapeur 64.520 est exposée dans un parc de la ville d'Engen (Allemagne).

Ci-dessous. La 231 E 41, une machine autrefois propriété de la SNCF, est exposée à Saint-Pierre-des-Corps, près de Tours.

La TECHNIQUE FERROVIAIRE

LA VOIE FERREE

L'invention du chemin de fer a été accompagnée par un outil indispensable à la circulation des trains : la voie ferrée. Si les premiers systèmes de guidage font appel à des rails en bois, l'utilisation du fer dans ce domaine est un progrès considérable. Le rôle essentiel de la voie est double : porter et guider le matériel roulant. La voie ferrée repose sur un lit de pierre, appelé ballast, les rails étant fixés par des attaches sur des traverses en bois reposant dans le ballast. Ainsi, cette technique permet de répartir la pression résultant du passage des trains et elle permet également de les guider.

Si le bois – du chêne traité – est longtemps resté le matériau de base des traverses, l'emploi du métal puis du béton s'est développé dans divers pays et généralement sur des axes importants à fort débit. Ceci permet des charges plus élevées.

La combinaison rails, ballast et traverses est la caractéristique commune du chemin de fer. Toutefois, le choix des écartements n'a pas suivi la « règle » établie par Stephenson qui équipe la ligne Stockton-Darlington d'une voie à l'écartement de 1,435 m (exactement 4 pieds et 8 pouces et demi) qui correspond à l'écartement des roues des diligences et des attelages. Cet écartement va devenir standard

Ci-contre. Un exemple de voie normale ou d'écartement standard avec ici la ligne Paris-Strasbourg vue dans la trouée de Saverne.

Ci-dessous. Le réseau ferroviaire soviétique est principalement constitué de lignes à voie large de 1,524 m.

Ci-dessus. Une grande part du réseau espagnol est à voie large de 1,676 m, mais diverses compagnies privées font rouler leurs trains en voie métrique.

EXEMPLES DES PRINCIPAUX ECARTEMENTS

- 1,676 m : Espagne, Portugal, Argentine, Inde, Chili
- 1,600 m : Nouvelle-Zélande, Australie, Brésil
- 1,524 m : Russie, Finlande, Chine
- 1,435 m : France, Allemagne, Grande-Bretagne, Italie, Suisse, Autriche, Pologne, Slovénie, Grèce, Albanie, Belgique, Suède, Corée, Iran, Canada, Etats-Unis, etc.
- 1,067 m : Indonésie, Japon, Nouvelle-Zélande, Afrique du Sud, Australie
- 1,000 m : Suisse, France, Allemagne, Autriche, Espagne, Grèce, Brésil
- 0,950 m : Italie (Sardaigne, Sicile)
- 0,900 m : Pologne, Italie, Allemagne
- 0,800 m : Suisse, Suède
- 0,760 m : Autriche, Slovaquie, Bulgarie, Roumanie, Bosnie, Hongrie, République tchèque
- 0,750 m : Suisse, Allemagne, Grèce
- 0,600 m : Pologne, France, Allemagne, Suisse
- 0,500 m : Pologne
- 0,381 m : Autriche, Grande-Bretagne.

mais d'autres vont être employés sur les divers continents. Les voies dites « larges » comprennent deux écartements avec 1,676 m en Espagne et au Portugal et 1,524 m en Russie et en Finlande.

Le lecteur remarquera que ces écartements sont employés dans des pays voisins qui ont des relations économiques étroites. Cependant loin d'être unifié, le réseau européen comprend divers écartements car des préoccupations d'ordre militaire ou idéologique sont venues compliquer l'instauration d'un réseau cohérent. Ainsi, le rêve de relier Madrid à Saint-Pétersbourg par un train unique sera freiné par la présence de trois types d'écartements.

Ci-dessous. En Autriche, diverses lignes secondaires sont à l'écartement « bosniaque » de 0,760 m. Ici, en gare d'Unzmarkt, un autorail attend la correspondance, un train express à voie normale et à destination de Vienne.

Ci-dessus. En gare de Sassari (Sardaigne), la voie de 0,950 m est imbriquée dans la voie normale, ce qui permet de recevoir les trains à voie étroite ou à voie normale sur le même quai.

Moins coûteuse à l'installation, la voie étroite s'est répandue dans le monde entier. C'est surtout la voie de 1 m d'écartement dite « métrique » qui prédomine avec ses variantes britanniques légèrement plus larges à 1,067 m. En Europe, la voie de 1 m est employée dans de nombreux pays, notamment en Suisse, mais aussi en France ou en Allemagne. Ce sont principalement des réseaux secondaires qui emploient cet écartement. Autre solution employée par les pays de l'Empire austro-hongrois, l'écartement dit « bosniaque » de 0,760 m est fréquent en Autriche, Hongrie, Tchécoslovaquie, Roumanie et en Yougoslavie. La réduction sensible du nombre de lignes et la recomposition politique d'une partie de l'Europe a modifié l'importance de cet écartement qui reste cependant bien vivace en Autriche.

Plus étroite encore, la voie de 0,600 m a été surtout utilisée à l'origine à des fins militaires puis s'est répandue dans les usines ou pour des exploitations agricoles.

Au cours de ses deux siècles d'existence, le chemin de fer aura connu pas moins de vingt-six écartements différents dont un grand nombre a totalement disparu. Comme diverses lignes à voie normale, diverses voies étroites ont pu être préservées et fonctionnent aujourd'hui comme lignes touristiques.

Ci-dessus. La Suisse est un pays où sont implantées de nombreuses lignes à voie métrique comme ici le Montreux-Oberland bernois ; un train est prêt au départ en gare de Montreux.

Parmi les premières mesures appliquées à la circulation des trains, celles concernant la sécurité ont fait l'objet de décisions rapides. Il fallait trouver un moyen de donner des ordres aux mécaniciens embarqués sur les locomotives, comme pour leur indiquer si la voie est libre ou la direction du train.

Ci-dessous. Le chemin de fer touristique Froissy-Cappy, partiellement installé sur un ancien réseau sucier, est établi à voie de 0,600 m.

LA VOIE À CRÉMAILLÈRE

Pour venir à bout de rampes aux déclivités sévères, un système ingénieux a été mis au point : la voie à crémaillère. Si la première application européenne est due à Niklaus Riggenbach avec en 1871 sa première réalisation pour gravir les pentes du mont Rigi, trois autres types de crémaillères vont apparaître par la suite, dus à M. Strub qui met au point le système le plus simple, Locher qui réalise la ligne du mont Pilate avec une déclivité maximale de 48 % – la plus escarpée au monde – et Abt qui, bien que de nationalité suisse, dépose un brevet en France en 1882. La toute première ligne à crémaillère du monde a été installée sur les pentes du mont Washington sur la côte Est et dans l'Etat du New Hampshire aux Etats-Unis. En Europe et notamment en Suisse, de nombreuses lignes ont été construites comme dans le massif de la Jungfrau ou aux rochers de Naye près de Montreux, en Espagne avec le chemin de fer de la Nuria, mais aussi en Allemagne avec le chemin de fer de la Zugspitzbahn, également en Autriche avec les célèbres lignes de l'Achensee au Tyrol, du Schneeberg ou du Schafberg.

En France, le chemin de fer de la Rhune ainsi que ceux du Montenvers ou le tramway du Mont-Blanc sont également pourvus de crémaillère.
Situés dans des régions à fort potentiel touristique, les chemins de fer à crémaillère sont des éléments vitaux du développement régional.

Ci-dessus. En gare de Jenbach (Autriche), cette stèle explique le fonctionnement du chemin de fer à crémaillère conduisant au lac Achensee.

Ci-dessous. Le plus haut chemin de fer à crémaillère se trouve aux USA. Le « Manitou and Pike's Peak Railway » conduit les voyageurs à 4301 m d'altitude.

Ci-dessus. En Suisse, diverses lignes ont recours à la crémaillère ; l'une d'elles conduit au Gornergrat par un chemin de fer moderne à voie d'un mètre. En toile de fond se profile le Cervin, le plus célèbre sommet du pays.

Ci-dessous. Le chemin de fer de la Zugspitzbahn en Bavière (Allemagne) utilise une crémaillère pour hisser les trains au sommet.

LA SIGNALISATION

Au début, ce sont des employés des chemins de fer qui font fonction de « signal » en agitant des drapeaux de couleur indiquant l'ordre précis auquel les mécaniciens doivent se soumettre. La nuit, les drapeaux sont remplacés par des lanternes. Cependant, les conditions atmosphériques, puis l'augmentation des vitesses rendent aléatoire un système dont sa fiabilité relative impose de nouvelles solutions. Les premières applications concernent des signaux optiques qui sont manœuvrés à l'origine à pied d'œuvre par un préposé à ce travail. La rudesse de certains climats conduit à l'emploi de signaux mus à distance. Ce sont les lignes principales, où circulent un grand nombre de trains, qui sont les premières équipées de signalisation, les lignes secondaires étant régies par d'autres moyens de sécurité comme un livret de circulation par exemple.

Ainsi apparaissent des sémaphores, carrés et disques aux couleurs et formes variées car chaque pays s'équipe de sa propre signalisation. La nuit, les feux sont alimentés au moyen de lanternes à huile dans les premiers temps puis au pétrole par la suite. L'électricité fait son apparition dès les années 1930, ce qui conduit à la création des premiers signaux lumineux.

Progressivement, ils vont se substituer aux signaux dits « mécaniques » dont la manœuvre s'effectue au moyen des tringles métalliques. Afin de rendre la circulation des trains encore plus sécurisée, un système appelé « block automatique lumineux (BAL) » est inventé avec la mise en place de cantons électriques. Ils vont progressivement remplacer les blocks manuels qui assurent une sécurité moindre surtout sur les lignes où circulent des trains rapides.

Ci-dessus. Un signal type Lartigue en gare d'Ebblinghem, sur la ligne SNCF Calais-Saint-Omer-Hazebrouck avant son électrification.

Ci-dessous. En Espagne, à Lérida, ce portique de signalisation mécanique était encore en fonctionnement au début des années 1960.

Petit à petit, les signaux mécaniques se sont effacés au profit de signaux lumineux, mais ils subsistent encore au début du XXIe siècle, principalement sur des axes d'importance secondaire. Une étape a été franchie sur les lignes à grande vitesse, notamment en France, avec la signalisation embarquée qui supprime l'emploi de signaux lumineux, les ordres étant donnés dans la cabine de conduite sur des écrans spécifiques.

La prochaine avancée dans le domaine concerne l'utilisation de satellites qui, outre une fiabilité accrue, assurera une meilleure exploitation, réduisant l'espacement des trains.

Ci-dessus. Ce beau portique de signalisation, équipé de signaux mécaniques, a été photographié en gare d'Alençon (Orne).

LE BLOCK-SYSTÈME

Mis au point à la fin du XIXe siècle, le block-système est un progrès énorme en matière de sécurité des trains. Son principe découpe une ligne en cantons dans lesquels un train ne peut pénétrer tant que le train précédent n'en est pas sorti. Chaque canton est protégé par un signal. Employé en signalisation mécanique à ses débuts, le block-système a été converti à la signalisation lumineuse, puis l'emploi du shuntage de circuits électriques par les trains eux-mêmes a constitué une étape importante de son développement.

Ci-contre. Deux signaux mécaniques de la SNCF en gare de Châteaudun (Eure-et-Loir) ; le premier indique « voie libre » tandis que le second interdit toute circulation.

Ci-dessus. Un signal lumineux italien en position « arrêt absolu » vu en gare de Campo di Trens sur la portion italienne de la ligne du Brenner.

Ci-dessus. Des signaux lumineux d'arrêt en gare de Lausanne (Suisse).

Ci-dessous. Les lignes à grande vitesse ne sont pas équipées de la signalisation classique. Un repère de signalisation embarquée sur ligne nouvelle, ici sur le TGV Nord-Europe.

Ci-dessous. Divers signaux lumineux et fixes de la DB en gare de Neustadt (Allemagne). Le chiffre 9 indiqué par les signaux en forme de triangle indique une vitesse maximale autorisée de 90 km/h.

Le code des couleurs

Dans ce domaine aussi, l'unification sera longue. Si le feu blanc reste longtemps le signal de voie libre, le vert le supplante de façon quasi générale. Aujourd'hui, globalement le code en vigueur est celui-ci sur le plan de la signalisation lumineuse :

Arrêt absolu : rouge
Voie libre : vert
Avertissement : jaune orangé
Manœuvres interdites : violet
Manœuvres autorisées : blanc.

Ci-dessus. Vu depuis la cabine de conduite d'une locomotive, ce signal suédois indique la voie libre avec un feu vert.

Ci-contre. Des signaux lumineux allemands en position arrêt absolu : ils présentent deux feux rouges car ils combinent la signalisation de pleine voie à celle des manœuvres.

Ci-dessous. Des signaux mécaniques d'avertissement en position fermée ; la nuit ils présentent un feu jaune orangé.

LES GARES ET LES DEPOTS

L'un des bâtiments les plus importants de l'organisation ferroviaire est sans conteste la gare. Les trains circulent entre une gare de départ et une gare d'arrivée tout en desservant des gares intermédiaires.

En fonction de leur implantation, elles sont modestes ou gigantesques. De la simple gare de campagne aux plus imposants édifices, la palette est variée tout comme les styles. Il faut cependant distinguer les gares terminus avec voies en cul-de-sac et les gares de passage avec voies d'entrée et voies de sortie. Quant à leur style architectural, il fait appel à diverses considérations régionales, locales ou il est l'œuvre de grands noms du domaine. En France, chaque compagnie ferroviaire fait

À gauche. Une gare classique du réseau Ouest/Etat avec la gare de La Flèche (Sarthe) à la fin du XIXe siècle. Un quai central fait face au bâtiment voyageurs.

Ci-dessous. Cette somptueuse bâtisse était l'ancienne gare de Lucerne. Ravagée par le feu, il ne subsiste aujourd'hui que le porche d'entrée. Une nouvelle gare a été construite sur l'emplacement.

En bas. Autrefois appelée Gare de Strasbourg, la monumentale Gare de l'Est à Paris a vu le départ du premier « Train Express d'Orient » plus connu ultérieurement sous l'appellation « Orient-Express ».

édifier ses gares dans son style propre, facilement reconnaissable. Certaines sont de véritables chefs-d'œuvre alliant bon goût, esthétisme et fonctionnalité. Lieux de vie et de commerce, on y trouve des boutiques diverses et des restaurants, les gares ont été généralement implantées de manière à être accessibles facilement, parfois par les transports en commun comme les tramways et plus tard par les autobus et par des lignes de métro.

Les fermetures de lignes secondaires ont occasionné la transformation de nombre de gares en maisons d'habitation, tandis que d'autres ont aujourd'hui des fonctions diverses.

Ci-contre. De style monumental, la gare d'Amsterdam a été construite sur un îlot gagné sur la mer.

En bas, à gauche. Mêlant tradition et modernisme, la gare de Lindau est desservie par des trains allemands de la DB en traction diesel mais aussi par des trains suisses en traction électrique.

Ci-dessous. Une gare oubliée où plus aucun train ne passe : Regnéville-sur-Mer dans la Manche. Une partie de celle-ci abrite un guichet de la poste.

En bas. Un exemple de gare dotée d'équipements modernes et fonctionnels : Rabat au Maroc.

Si les voyageurs ont la gare comme point de départ ou d'arrivée, les locomotives ont aussi leurs bâtiments. Il s'agit des dépôts qui abritent les machines assurant la traction des trains, mais aussi celles assurant la réserve. Souvent, les dépôts importants disposent d'ateliers de réparation attenants où sont effectuées les réparations nécessaires ou l'entretien courant. Certains ateliers sont spécialisés dans la révision générale des engins moteurs qui intervient selon des calendriers précis.

Chaque dépôt dispose d'un nombre spécifique de locomotives dites attachées à cet établissement. Ce sont les roulements des machines qui en justifient le nombre, aussi certains dépôts de locomotives abritent plusieurs dizaines d'éléments tandis que d'autres, plus modestes, n'hébergent que quelques locomotives ou autorails.

Autre élément indispensable de l'exploitation ferroviaire : le poste d'aiguillage. Sa fonction principale, comme son nom l'indique, est de manœuvrer les aiguillages d'une gare ou d'un triage. Les poulies et tringles nécessaires à la manœuvre des aiguillages ont généralement laissé la place à des enclenchements électriques, mais la modernisation des installations ferroviaires rend moins utile ce type de bâtiment. Sur les grandes lignes et plus particulièrement sur les lignes nouvelles à grande vitesse, un poste central télécommande l'ensemble d'une relation à distance, que ce soit les aiguillages ou les signaux embarqués ou placés le long des voies.

Ci-dessus. La gare de Calais Maritime dans les années 1960 avec un poste d'aiguillage, des châteaux d'eau.

DES BATIMENTS VARIES

L'environnement ferroviaire se compose de divers types de bâtiments : les gares, les postes d'aiguillage, les remises à marchandises, les ateliers de réparation, les dépôts de locomotives notamment. A cette liste, il faut ajouter les gares de triage avec leur butte de débranchement des wagons.

Ci-dessous. Le dépôt titulaire de Nantes à la fin des années 1960. Des locomotives diesels cohabitent avec les nombreuses locomotives à vapeur.

Ci-dessus. Le gril de remise des engins diesels, locomotives et autorails, à Amiens (Somme).

Ci-dessous. Le dépôt d'Argentan de la Compagnie de l'Ouest au début du XXe siècle.

Ci-dessus. L'automotrice ayant roulé à la vitesse de 210 km/h en Allemagne pose pour la postérité avec l'ensemble des acteurs ayant contribué à l'exploit.

Ci-dessus. Une locomotive type « Crampton » a roulé à la vitesse de 144 km/h en 1890, un exploit compte tenu de la qualité des voies d'alors.

La GRANDE VITESSE

LES PREMIERS PAS

Dès que les compagnies ferroviaires ont compris l'intérêt que pouvaient représenter les trains de voyageurs, la notion de vitesse a pris son envol. L'une des préoccupations majeures devient alors d'aller plus vite entre les grandes villes tout en augmentant le nombre de relations pour améliorer et diversifier la desserte de ces centres économiques. En France, la célèbre Compagnie du Nord a assis sa réputation sur le succès de ses « trains de vitesse » confortables et composés de matériels neufs à caisses métalliques pour une meilleure sécurité. La circulation à des vitesses supérieures a en conséquence modifié l'environnement des chemins de fer avec une signalisation adaptée, des voies mieux armées et surtout des matériels plus résistants en cas de chocs frontaux. En 1890, une locomotive type « Crampton » atteint la vitesse incroyable pour l'époque de 144 km/h, démontrant avec éclat les vertus du chemin de fer. En Allemagne, deux automotrices portent ce record à plus de 210 km/h entre Marienfeld et Zossen.

Si rapidement les trains atteignent les 80 km/h, voire dépassent les 100 km/h en ligne, la notion de vitesse est devenue un argument majeur dans la promotion des voyages en train.

Ci-dessous. Pour aller plus vite, de nombreuses locomotives ont été carénées. Pour tenter d'aller encore plus vite des voitures sur pneus ont aussi roulé en France mais sans succès probant.

Ci-dessus. Le 3 juillet 1938, une « Pacific » A4 roule à plus de 200 km/h établissant le record de vitesse pour la traction vapeur. Il n'a pas été battu depuis. La machine a ensuite repris son travail habituel.

Dans les années 1930, fertiles en nouveautés, un autorail construit par Bugatti approche les 200 km/h en 1937 ; deux ans plus tard un autorail allemand franchit allègrement cette barre toute symbolique.

Pour aller encore plus vite, le système du carénage des trains est mis en place. De nombreuses locomotives aux USA, en France ou en Allemagne sont pourvues d'un carénage leur permettant de réduire sensiblement leur résistance au vent, permettant des vitesses supérieures tout en réduisant la consommation en combustible.

Mais c'est en Grande-Bretagne que la locomotive à vapeur va écrire ses lettres de noblesse. Le 3 juillet 1938, une locomotive type Mallard carénée roule à la vitesse de 202,9 km/h, un record pour ce mode de traction. Fait important, celui-ci n'a jamais été battu depuis mais il faut reconnaître aussi que la traction à vapeur ne verra jamais les projets la concernant aboutir, aussi le lent déclin s'amorce jusqu'à sa quasi-disparition.

Les années 1950 sont marquées par un exploit réalisé en France dans les Landes. Une campagne d'essais permet d'atteindre 331 km/h, établissant un nouveau record mondial partagé par deux locomotives les BB 7107 et 9004.

Ci-dessous. Préservée comme engin historique, la BB 9004 codétentrice du record de vitesse de 1955 a participé à l'exposition Train Capitale sur les Champs-Elysées en 2003. Elle a été photographiée lors de son transfert sur le site d'exposition.

Ci-dessous. La CC 7107, codétentrice du record de vitesse de 1955, a été préservée au titre de locomotive historique et participe à des manifestations publiques.

LES DEBUTS DE LA GRANDE VITESSE

C'est au Japon que l'ère de la grande vitesse trouve son origine. Dans la perspective des jeux Olympiques qui doivent avoir lieu dans ce pays en 1964, les Chemins de fer nationaux JNR construisent une ligne nouvelle du Tokaido entre Tokyo, la capitale, et Osaka. Etablie à voie normale, alors que le réseau nippon est à l'écartement de 1,067 m, cette ligne nouvelle longue de 515 km à double voie comporte pas moins de 65 km en tunnels et franchit d'innombrables ponts ou viaducs sur une distance totale de 63 km cumulés. Point marquant de cette ligne, elle accepte la vitesse limite de 210 km/h en service régulier, ce qui est un progrès considérable bien que peu remarqué par les médias d'alors !
Un peu plus de dix ans plus tard, cette ligne est prolongée et un véritable réseau express à grande vitesse prend forme au Japon. Baptisé « Shin Kansen », le réseau à grande vitesse japonais se distingue par la sécurité et la régularité.

Ci-dessus. Les trains « Shin Kansen » de la compagnie nationale japonaise JR ont ouvert la voie de la grande vitesse dans le monde.

Ci-dessous. La série de locomotives électriques CC 103 de la DB, développée grâce aux bons résultats obtenus par les E 03, a permis de faire rouler des trains Intercity à 200 km/h sur des portions de ligne aménagées.

Ci-dessus. Longtemps porte-drapeau de la SNCF, le « Capitole » roulait à la vitesse de 200 km/h sur des portions de ligne aménagées.

Pendant ce temps-là en Europe, les compagnies ne sont pas restées insensibles aux efforts déployés par les JNR. La DB en Allemagne choisit de se mettre en lumière à l'occasion de l'organisation de l'Exposition internationale des Transports de Munich en 1965. Elle a pris livraison d'une série prototype de CC série E 03 capables de rouler à 200 km/h. Un tronçon de la ligne Munich-Augsbourg a été aménagé à cette intention et chaque jour des rames vont le parcourir à cette vitesse en service régulier avec voyageurs à bord.

Deux ans plus tard, la SNCF entre dans le « club du 200 km/h » avec le train le « Capitole » qui circule entre Paris et Toulouse et bénéficie lui aussi d'une portion de ligne aménagée pour cette vitesse. Une dizaine d'années s'écoule avant que les BR en Grande-Bretagne entrent dans ce club fermé. Les trains intervilles HST (high speed train = train à grande vitesse) entrent en service entre Londres et Bristol.

Aux Etats-Unis, les trains « Metroliner » assurant la liaison New York-Washington roulent sur certaines portions à cette vitesse limite de 200 km/h.

Ci-contre. Roulant entre New York et Washington, les trains « Metroliner » de la compagnie Amtrak atteignent les 200 km/h sur certaines portions de ligne.

LA GRANDE VITESSE PREND SON ENVOL

L'année 1981 marque une date importante dans l'histoire des chemins de fer dans le monde. Pour donner encore plus d'éclat à l'ouverture de la ligne nouvelle entre Paris et Lyon, une rame bat le record du monde de vitesse sur rails roulant à 380 km/h quelques semaines avant l'entrée en service des trains de couleur orange. Cet éclat médiatique qui cache une foule d'avancées technologiques met en lumière les capacités méconnues du chemin de fer. Le renouveau du rail débute et ce mode de transport que l'on croyait condamné à terme reprend vigueur.

En Italie, les FS mettent en service en 1986 une ligne nouvelle entre Rome et Florence, achevée en plusieurs étapes. Baptisée « Direttissima », elle est apte à la vitesse de pointe de 200 km/h et ne voit passer que des trains dits « classiques » par opposition aux trains à grande vitesse. Alors qu'en Allemagne, la DB tarde à concrétiser ses espoirs de grandes vitesses, en 1988 une rame prototype bat le record français le portant à 406,9 km/h, prouvant une fois encore que le chemin de fer peut aller vite sur ligne nouvelle, conçue spécialement pour des grandes vitesses. La même année, les FS en Italie mettent en service leurs premières rames à pendulation circulant à 250 km/h sur la Direttissima. L'année suivante, la SNCF met en service la ligne TGV Atlantique. Désireuse de poursuivre son effort et de marquer une fois encore l'opinion publique mais aussi les pouvoirs publics, une rame TGV-A bat le record de vitesse en décembre 1989 (482,4 km/h), puis quelques mois plus tard a lieu un événement au retentissement mondial. Le 18 mai 1990 une rame de série raccourcie atteint la vitesse historique de 515,3 km/h ! Cette prouesse démontre « la considérable avance technologique prise par la SNCF et les constructeurs français ».

L'année suivante, la DB en Allemagne inaugure enfin ses premières lignes entre Hanovre et Fulda d'une part et Stuttgart-Mannheim d'autre part. En Espagne, à la faveur de l'Exposition universelle de Séville en 1992, la compagnie nationale RENFE a fait construire une ligne nouvelle au départ de la capitale Madrid vers cette ville. Réalisée en voie normale et non pas large comme le reste du réseau, elle est empruntée par des trains de conception française à partir de mai 1992.

Une étape de plus est franchie en 1993 avec le TGV Nord-Europe qui rapproche Lille et les principales villes du nord du pays de la capitale avec des trains roulant à 300 km/h.

Ci-dessous. Le TGV Sud-Est a sans aucun doute été le déclic d'un renouveau des chemins de fer en France. Hors des lignes nouvelles, ces trains roulent à la vitesse autorisée par les lignes dites « classiques ».

Ci-dessus. Le TGV Atlantique a été la seconde nouveauté en France. Un TGV Lille-Rennes vient d'arriver au terminus.

Ci-dessous. Construite par étapes pendant vingt ans, la « Direttissima » italienne permet aujourd'hui la circulation de trains à grande vitesse. Au début, ce sont des trains classiques roulant à 200 km/h qui la parcouraient.

Ci-dessus. Les trains à grande vitesse allemands ICE sont entrés en service dix ans après les premiers TGV français.

Ci-dessous. Les trains à grande vitesse AVE espagnols roulent entre Madrid et Séville sur une ligne nouvelle établie à voie normale.

Ci-dessus. Une rame pendulaire italienne assurant une liaison Lyon-Milan attend l'heure du départ.

Ci-dessus. En Suède, la compagnie SJ a acquis des rames pendulaires type X 2000 pour desservir ses lignes principales.

La pendulation quid ?

Le principe de la pendulation dans le domaine ferroviaire consiste à incliner fortement les caisses d'un train dans les courbes pour corriger l'insuffisance de dévers. Cette solution présente un avantage certain : l'accroissement des vitesses dans les courbes et partant un gain de temps considérable.

Les trains pendulaires roulent sur des lignes classiques aménagées. Après la Suède en 1990 et les trains X 2000 de la compagnie nationale SJ, ils ont connu un essor important en Suisse, en Allemagne mais aussi en Espagne, en Finlande ou au Portugal.

Principalement employée pour les trains de grandes lignes, la technique de pendulation est aussi destinée à des trains interrégionaux sur des liaisons à moyenne distance. Bien que présentant des avantages certains, la pendulation n'a pas séduit toutes les compagnies ; il est vrai que des déboires malvenus ont fortement abîmé l'image de certains matériels. Ainsi, en Allemagne la DB s'est vue contrainte d'annuler une commande importante, de supprimer la pendulation de certaines rames et même de mettre hors service ses ICE diesels et pendulaires.

Cette mauvaise publicité n'entache cependant pas le bien-fondé de cette technique qui bien que complexe n'occasionne que des frais limités au niveau des lignes parcourues. Un facteur important dans la décision de certaines entreprises ferroviaires.

Ci-contre. Cette photo montre la pendulation : la caisse pivote mais le plancher reste quant à lui rectiligne, aussi les voyageurs ne ressentent aucune différence. Cependant les trains vont plus vite sur certaines lignes classiques sinueuses.

Ci-dessus. La DB s'est dotée de rames ICE pendulaires qui sont principalement employées entre Stuttgart (Allemagne) et Zurich (Suisse). Le parcours est particulièrement sinueux entre ces deux villes.

Ci-dessus. Sous l'appellation Thalys, quatre compagnies ont créé des services à grande vitesse entre Paris et Bruxelles puis Amsterdam (Pays-Bas) et ultérieurement vers Cologne (Allemagne).

LE RESEAU GRANDIT

Un vieux rêve trouve une concrétisation en 1994 avec l'ouverture du tunnel sous la Manche qui est inauguré le 6 mai de cette année. Ainsi la liaison Paris-Londres est possible sans changement, rapprochant considérablement trois capitales car Bruxelles est aussi concerné par les trains à grande vitesse. Les trains sont baptisés « Eurostar ». Jusqu'en 2003, la relation entre les capitales française et britannique est scindée en plusieurs parties : la première par la ligne nouvelle TGV Nord-Europe à 300 km/h, via le tunnel à 160 km/h et sur le réseau classique à 100 km/h. La mise en service de la ligne à grande vitesse en Grande-Bretagne en 2003 permet un raccourcissement du temps de trajet ramené à 2 heures et 25 minutes.

S'ouvrant un peu plus sur l'Europe, les trains à grande vitesse « Thalys » exploités par les compagnies nationales de France (SNCF), d'Allemagne (DB), de Belgique

Ci-dessous. Le TGV Eurostar relie Paris et Londres mais aussi Bruxelles (Belgique) et Londres (Grande-Bretagne). Il est ainsi surnommé le « TGV des trois capitales ».

(SNCB) et des Pays-Bas (NS) ouvrent une nouvelle ère dans le trafic international. En janvier 1995, les premiers trains atteignent Bruxelles. La livraison de rames spécifiques permet des services vers Amsterdam dès le mois de juin 1996. La livraison de matériels quadricourants autorise la création, en décembre 1997, de services vers Cologne, important nœud ferroviaire européen.

De son côté, le réseau allemand a été prolongé par les lignes Berlin-Hanovre puis Cologne-Francfort où les ICE roulent à 280 km/h. Divers projets d'extension existent dans ce pays qui modernise son réseau classique en complément.

En juin 2001, la SNCF met en service le TGV Méditerranée grâce à la construction d'une ligne vers Valence et Marseille ou Nîmes. A cette occasion, un train Calais-Marseille effectue la liaison à la durée record de 3 heures et 29 minutes.

En Espagne, la première portion de la ligne nouvelle Madrid-Barcelone est en service depuis 2004, tandis qu'en Belgique les travaux de construction d'une ligne nouvelle vers Amsterdam devraient être achevés en 2006. En 2007, la liaison Paris-Amsterdam bénéficiera d'une importante durée du trajet. Cette année-là, les trains Eurostar n'arriveront plus à Londres-Waterloo mais en gare de St. Pancras après l'achèvement de la ligne nouvelle anglaise.

Par la suite, le réseau s'étoffera avec le TGV Est prévu pour l'été 2007 dans sa première phase jusqu'à Vandières près de Metz, mais aussi avec le TGV Rhin-Rhône dont le début de la construction est programmé pour 2006 avec une réalisation en 2010-2011 et la liaison attendue entre Lyon et Turin.

Hors d'Europe, les lignes à grande vitesse sont peu nombreuses. Hormis au Japon où le réseau Shin Kansen est fort développé et aux USA où les trains Acela, pendulaires, marquent un début prometteur dans ce pays, les investissements liés à la construction de lignes nouvelles restent des priorités mineures pour l'instant. Les coûts liés à l'infrastructure mais aussi au matériel sont des handicaps à ce développement.

En 2002, 3039 km de lignes étaient parcourues à des vitesses supérieures à 200 km/h en Europe et dans le reste du monde 2175 km au Japon (source UIC). Près de 2800 km étaient en construction à cette date et à plus long terme 1875 km. A l'horizon 2010, ce sont plus de 10 000 km de lignes à grande vitesse qui seront ainsi en fonctionnement.

Ci-dessus. Sous l'appellation « Acela », la compagnie Amtrak fait rouler des trains à grande vitesse – en fait 200 km/h – sur l'axe le plus chargé entre New York et Washington.

QUELQUES RECORDS DE VITESSE

- 1829 Grande-Bretagne 47 km/h Liverpool-Manchester vapeur « Rocket »
- 1890 France 144 km/h Réseau de l'Est vapeur « Crampton »
- 1903 Allemagne 210,2 km/h Marienfeld-Zossen automotrices électriques
- 1938 Grande-Bretagne 202,9 km/h Réseau du LNER vapeur « Mallard »
- 1955 France 331 km/h ligne des Landes BB 9004 et CC 7107
- 1981 France 380 km/h ligne Sud-Est TGV Sud-Est n°16
- 1988 Allemagne 406,9 km/h ligne nouvelle rame ICE prototype
- 1990 France 515,3 km/h vers Vendôme rame 325 TGV-A

Ci-dessous. Grâce à leur succès grandissant, les trains à grande vitesse japonais ont connu de nouvelles rames aux formes très futuristes.

Ci-dessous. Incontestablement, le TGV Méditerranée a raccourci le temps de parcours entre Lille et Marseille par exemple tout en rapprochant la capitale, ôtant une partie de sa clientèle à l'aviation.

Les TRANSPORTS en COMMUN

DU TRAMWAY A CHEVAL AU TRAMWAY ELECTRIQUE

La notion de transport en commun est apparue tôt dans l'histoire mais une organisation structurée destinée aux villes n'est perceptible qu'à la fin du XIXe siècle. C'est l'industrialisation accompagnant un développement sensible de grandes villes et de leurs banlieues qui ouvre la voie de systèmes cohérents dont la mission est de transporter les migrants de leur domicile à leur travail et retour.

Dès 1830, les principales métropoles européennes mais aussi américaines cherchent à se doter de systèmes d'omnibus, c'est-à-dire de sortes de diligences urbaines tractées par des chevaux. Différence notoire avec la diligence, l'omnibus est guidé par des rails. C'est aux USA et à Baltimore qu'est créé le premier service du genre, suivi deux ans plus tard par Harlem, un quartier de New York. Une contrainte technique freine cependant le développement de ces réseaux, mais elle est résolue en 1850 par le Français Loubat qui invente un rail à gorge ne dépassant pas de la chaussée.

Le premier véritable tramway à cheval est installé dans le quartier de Broadway à New York en 1853. Connu sous l'appellation de « chemin de fer américain », le tramway arrive à Paris en 1855 après des tests réalisés auparavant sur le Cours-la-Reine.

L'urbanisation galopante va réclamer des moyens de transport plus performants, aussi

Ci-dessous. Reconstitution par le musée des Transports d'Helsinki (Finlande) d'un tramway à cheval de 1890.

Ci-contre. Avant d'être électriques, les tramways ont connu la traction hippomobile comme ici à Calais. Ils ont été remplacés ultérieurement par des engins mus par l'électricité.

Ci-dessous. Un tramway a autrefois relié Monaco à Menton, longeant en partie le littoral méditerranéen.

En bas. Un tramway électrique à impériale à Paris côtoie des attelages à chevaux mais aussi un autobus.

À droite.
Tramway à cheval et à impériale mis en service en 1865 à Berlin, la capitale allemande.

le nombre des tramways se multiplie grâce notamment à une meilleure exploitation face à l'hippomobile qui doit affronter des chaussées mal entretenues.

Vers 1880, le tramway de Paris dispose de plus de 6000 chevaux pour effectuer les services quotidiens. L'entretien de telles cavaleries est fort coûteux, aussi des initiatives tentent de s'affranchir du cheval comme moyen de locomotion. Mékarski invente une automotrice à air comprimé qui fait ses débuts à Nantes en 1879.

C'est la traction électrique qui va donner l'élan nécessaire aux tramways dans le monde. L'invention de Siemens, en 1879 (voir chapitre III) est relayée par la première ligne de tramway électrique ouverte à Berlin, la capitale allemande, dès 1881. Sept ans plus tard, un Américain du nom de Sprague met au point un tramway électrique très perfectionné pour l'époque. En quelques années, plus d'une centaine de réseaux voient le jour aux USA avec celui de Philadelphie qui dispose de 753 km de lignes et d'un parc de plus de 2000 automotrices !

Ci-dessus. Cet exemplaire d'automotrice à air comprimé Mékarski de Nantes a été sauvé de la démolition ; il est présenté lors de manifestations publiques.

Ci-dessous. Un chemin de fer suburbain a dès le début du XXe siècle relié Cologne et Bonn (Allemagne), empruntant la chaussée avant de rouler sur une ligne séparée du trafic routier. Photo prise dans les années 1920.

LES TRAMWAYS DANS LE MONDE

En Europe, le tramway ne connaît une application à grande échelle qu'avec un léger temps de retard. Le premier tramway mû par l'électricité ne circule à Clermont-Ferrand qu'en 1890 et à Paris huit années plus tard. Toutefois, l'alimentation se fait au moyen d'accumulateurs car on juge ce type d'alimentation inesthétique.

Cependant, l'impérieuse nécessité de développer les réseaux de tramways urbains mais aussi suburbains permet à l'alimentation électrique par fil de contact de connaître un essor important jusqu'à la Première Guerre mondiale. La quasi-totalité des capitales, les grandes places économiques et les villes industrielles disposent d'un système de transport urbain performant.

La motorisation individuelle, entamée dès les années 1950 et 1960, sonne le glas de nombreux réseaux tandis que certaines lignes suburbaines subsistent encore quelques années. Bientôt considéré comme un moyen de transport archaïque et désuet, le tramway disparaît rapidement de nombreuses villes qui préfèrent l'autobus. En Europe, quelques pays comme l'Allemagne, la Suisse ou l'Autriche restent fidèles au tramway, n'hésitant pas à créer de nouvelles lignes.

L'histoire des chemins de fer est faite de divers retours en arrière. Les tramways connaissent le même scénario. Redécouvert comme outil de transport adapté, il connaît une seconde jeunesse saluée par de nombreux retours dans diverses villes de France.

Ci-dessous. Roulant à voie métrique, le « Mongy » à Lille a connu des avatars et le spectre de la fermeture. Il est désormais un tramway moderne et efficace complétant le métro.

Ci-dessous. Longtemps, la circulation des tramways au milieu de la circulation automobile a posé des problèmes comme ici à Milan (Italie).

En bas. Le type « Combino », conçu en Allemagne et composé de matériels articulés, est l'un des plus récents en matière de tramways. Le nombre d'éléments d'une rame est variable et adapté à la demande.

En bas. La séparation de certaines lignes de tramway de la circulation automobile a considérablement simplifié leur exploitation, comme ici à Bruxelles (Belgique).

Ci-dessus. Ce tramway, racheté d'occasion à Bruxelles (Belgique), roule à Asunción au Paraguay.

Ailleurs, en Allemagne par exemple, les réseaux sont modernisés ou intégrés dans un système de métro léger. La force majeure du tramway moderne réside dans l'emploi de « sites propres », c'est-à-dire que les lignes ne sont plus intégrées dans la circulation automobile mais sur des axes spécifiques ce qui augmente leurs performances et leurs capacités de rotation.

Ce qui paraissait impensable il y a encore peu est réalisé. Paris, autrefois parcouru par de nombreux tramways, va retrouver ce mode de transport après les villes d'Orléans, Montpellier ou encore Lyon.

Ailleurs dans le monde, le tramway est resté l'un des éléments essentiels des plans de transport de diverses métropoles. La modernisation de matériels existants ou l'acquisition de véhicules neufs leur donne une dimension supplémentaire et leur permet de répondre à la demande d'une mobilité individuelle en pleine croissance.

Ci-dessous. Au fil des ans, les formes et masses des engins utilisés sur les lignes de tramway ont évolué comme ici à Valence en Espagne avec ce matériel articulé à grande capacité.

Ci-dessous. Une rame décorée des tramways de Nagasaki (Japon).

Le tram-train

Pour pallier l'inconvénient majeur de la correspondance entre le tramway et le train de banlieue, un nouveau concept d'engin mixte à la fois tramway et véritable train a vu le jour.

Dénommé « tram-train » ce système est voué à un succès certain même si les réalisations sont encore limitées. Circulant en centre-ville sur les voies de tramway, ce nouveau type de train sort des villes pour desservir les banlieues par les voies classiques de chemin de fer. Commode, fiable et performant le tram-train a encore des allures de tramway. Le design va évoluer en tenant compte des contraintes liées à la circulation de tels véhicules dans les villes.

C'est en Allemagne et à Karlsruhe que le premier tram-train a été inauguré, puis la ville de Sarrebruck a suivi le mouvement avec une ligne desservant Sarreguemines en France. Dans un futur proche, d'autres lignes vont ouvrir.

Ci-dessus. Sarrebruck (Allemagne) a suivi le mouvement avec une ligne reliant le centre-ville et la ville de Sarreguemines (France).

Ci-dessous. Karlsruhe a inauguré une nouvelle version du tramway avec des éléments capables de circuler en ville mais aussi sur les lignes classiques de chemin de fer.

METROS D'HIER ET DE DEMAIN

La forte urbanisation a posé le problème d'un système de transports en commun fiables. Le tramway est l'une des solutions mais l'encombrement des chaussées rend leur exploitation de plus en plus aléatoire. Naît alors l'idée d'un métropolitain, sorte de chemin de fer souterrain permettant de s'affranchir des conditions de circulation. Si l'idée est plus que séduisante, la réalisation est cependant coûteuse car difficile à réaliser.

Néanmoins, c'est à Londres que la première ligne de métro voit le jour, mais à traction vapeur.

Un peu plus tard, c'est au tour de Budapest, la capitale hongroise, d'entrer dans le groupe des villes pourvues de métros en 1896, puis le XXe siècle débute avec la mise en service progressive du métropolitain de Paris.

Ci-dessus. Préfigurant le futur réseau métropolitain, le « Stadtbahn » de Vienne a été en partie intégré au réseau actuel de métro dans la capitale autrichienne.

Ci-dessous. Paris a été pourvu de lignes de métro dès 1900 sur l'initiative de Fulgence Bienvenüe. Le matériel dit « Sprague » a longtemps attendu la relève.

La technique, bien que lourde à supporter financièrement, séduit quelques métropoles qui se dotent de lignes de métro comme Moscou (Russie), Berlin (Allemagne) ou Athènes (Grèce). Divers projets ne trouvent pas de concrétisation faute de moyens et devant l'ampleur de la tâche, ce sont les lignes de tramway qui en profitent. Incontestable moyen de progrès, le métro reste toutefois cantonné à certaines villes et ne connaît qu'une timide renaissance vers la fin du XXe siècle avec la transformation du réseau Stadtbahn à Vienne (Autriche) par exemple. En raison de l'importance des moyens nécessaires, les métros complets sont aussi appelés « métros lourds » en opposition aux réalisations simplifiées.

Parallèlement, le métro léger apparaît. Il s'agit de lignes de tramways rapides ne circulant que sur des sites propres et partiellement en souterrain. Cette solution a l'avantage majeur de coûter moins cher tout en constituant une première étape dans le cadre d'un développement programmé des transports en commun.

Ci-dessus. Le métro de Budapest (Hongrie) a de nombreuses années durant utilisé de curieux véhicules dont certains à caisse en bois. Ils dataient de l'origine, soit 1896.

Ci-dessous. Berlin redevenue la capitale d'une Allemagne réunifiée, dispose d'un métro lourd intégrant les deux réseaux longtemps séparés des deux parties de la ville.

Ci-dessus. A San Diego aux Etats-Unis, un métro léger a été mis en service pour soulager les routes et améliorer les transports en commun.

Aux Etats-Unis, la ville de San Diego recourt au métro léger pour tenter de trouver une solution au problème endémique des embouteillages urbains.

Si la technique rail/roue évolue, l'introduction du pneumatique (Paris) connaît un intérêt grandissant avec son emploi à Marseille et Lyon pour citer deux exemples. Allant encore plus loin, des métros automatiques sont aussi inventés avec comme application Lille où le Véhicule automatique léger (VAL) est inauguré. Ultérieurement, Paris est doté d'une ligne expérimentale entièrement automatique.

Ci-dessous. Le métro automatique VAL de Lille a démontré de bonnes aptitudes en service courant.

Ci-dessous. Toronto, la capitale de l'Ontario au Canada, est la plus importante agglomération du pays. Elle est aussi pourvue d'un métro lourd.

Ci-contre. A Charleroi, en Belgique, des lignes de tramway ont été converties en pré-métro.

Les problèmes découlant de la pollution automobile et de son cortège de nuisances diverses, interpellent les municipalités qui sont de plus en plus favorables aux transports en commun : tramways, métros légers ou métros. Ils se présentent aujourd'hui comme l'alternative efficace face à un problème de taille. La solution du tram-train, qui permet une entrée en centre-ville et une desserte sans rupture de charge vers les banlieues est une autre voie destinée à un bel essor.

Ci-dessous. Le métro « U-Bahn » de Essen (Allemagne) utilise un matériel proche de celui employé par les tramways.

LES RESEAUX EXPRESS REGIONAUX

A mi-chemin entre le chemin de fer et le métro, le réseau express régional ou « Stadtbahn » en allemand est un outil important des plans de transport de nombreuses villes. Permettant un débit important, ces réseaux ont un avantage majeur car ils peuvent entrer au cœur même des villes, sans obliger à un changement de moyen de locomotion grâce à des accès par des lignes souterraines. Il va de soi que l'entrée souterraine s'est faite progressivement car là aussi d'énormes moyens financiers ont été nécessaires pour réaliser des projets autrefois considérés comme parfaitement utopiques. Traverser des villes importantes n'est pas chose aisée, ceci expliquant le nombre d'années nécessaires pour venir à bout de divers projets.
Les réseaux type RER des débuts ont fait appel en Allemagne à du matériel existant composé de locomotives et de voitures normales affectées à ce type de trafic. Progressivement, l'idée de matériels spécifiques a cependant fait son chemin, aussi diverses séries d'automotrices à un puis à deux niveaux pour un meilleur débit ont été commandées en grand nombre auprès des constructeurs.
C'est d'abord en Allemagne que l'idée des trains type S-Bahn s'est propagée avant de gagner d'autres pays. En 1969, Paris est desservi par sa première ligne de RER exploitée par la RATP, société en charge des métros, tramways et autobus parisiens. Depuis, la ligne A a été complétée par quatre autres exploitées par la SNCF seule ou en coopération avec la RATP. En Europe, les villes de Vienne (Autriche), Berne et Zurich (Suisse), Munich, Francfort et Cologne (Allemagne) en sont pourvues tandis que Bruxelles (Belgique) et Salzbourg (Autriche) doivent s'en doter dans les années à venir.

Ci-dessus. Le réseau S-Bahn de Zurich (Suisse) fait appel entre autres à de nombreuses rames de voitures à deux niveaux tractées ou poussées par des locomotives spécifiques.

Page de droite, en haut. Pour améliorer les liaisons entre Munich (Allemagne) et sa périphérie, à l'occasion des jeux Olympiques de 1972 un réseau S-Bahn a été mis en route.

Page de droite, en bas. Le réseau express régional de Paris a été inauguré en 1969 et s'est développé régulièrement depuis. Ici, une rame type MI 79 de la RATP en gare de Boissy-Saint-Léger.

MOOSACH
S1 Kreuzstraße
DB
420 011-9

BOISSY-SAINT-LÉGER

Ci-dessous. Le réseau du S-Bahn de Hambourg compte parmi les plus anciens du pays, sinon d'Europe. Celui-ci est exploité directement par la DB.

Ci-dessus. La réunification de Berlin, redevenu la capitale de l'Allemagne, a entraîné la rénovation du réseau S-Bahn. Divers matériels neufs ont été acquis pour améliorer le confort et les fréquences.

Ci-dessous. Les liaisons S-Bahn autour de Vienne (Autriche) ont été assurées par des automotrices dédiées à ce type de trafic. Elles portaient une livrée spécifique pour les distinguer des autres unités.

Ci-dessus. Rebaptisé « Transilien », le réseau régional parisien a opté pour une nouvelle livrée des matériels affectés à ces services. Présentée lors de l'exposition « Train Capitale », cette automotrice de la SNCF arbore les nouveaux coloris retenus.

Ci-dessous. Stockholm, la capitale suédoise, dispose d'un vaste réseau régional exploité par des automotrices comme celles photographiées et datant des années 1980.

GLOSSAIRE

Adhérence : effort de traction d'une locomotive sans avoir recours à une crémaillère.
Affrètement : location auprès d'une entreprise ferroviaire d'un train entier ou d'une voiture isolée.
Aiguillage : ensemble de rails mobiles permettant le passage des trains d'une voie à une autre.
Automoteur : engin ferroviaire pour le transport des voyageurs muni d'une motorisation thermique.
Automotrice : engin de traction électrique destiné au transport des voyageurs.
Autorail : voiture automotrice pour voyageurs munie d'une motorisation diesel.
Ballast : lit de pierres sur lequel une voie ferrée est posée.
Bogie : chariot à deux ou trois roues sur lequel repose un véhicule ferroviaire.
Cadencement : circulation systématique d'un train toutes les demi-heures, les heures ou les deux heures.
Caisse : appellation ferroviaire désignant une voiture ou une remorque.
Carénage : application de tôles profilées sur une locomotive.
Caténaire : câble aérien placé au-dessus d'une voie ferrée alimentant les locomotives électriques en courant de traction.
Chemin de fer touristique : ligne déclassée et réutilisée à titre historique par une collectivité ou une association d'amateurs.
Couplage : désigne la marche de plusieurs locomotives et autorails assurée par un seul agent de conduite.
Corail : nom donné à un type de voiture de la SNCF mis en service à partir de 1975. C'est aujourd'hui l'appellation des trains de grandes lignes autres que les trains à grande vitesse.
Crémaillère : système permettant aux trains de se hisser sur des lignes à très fort profil.
Crocodile : nom donné à certaines locomotives suisses, allemandes ou autrichiennes en raison de leur forme rappelant celle du reptile. C'est aussi le nom de l'appareil électrique permettant la répétition sonore des signaux en cabine de conduite d'une locomotive.
Dépôt : établissement ferroviaire qui gère les engins de traction.
Double traction : deux locomotives tractant un train avec à leur bord un conducteur par machine.
Ecartement : distance séparant les deux faces intérieures des rails de roulement.
Essieu : axe recevant une roue à chaque extrémité.
Eurocity : train de qualité ouvert aux deux classes assurant une liaison internationale.
Euronight : train de nuit de qualité supérieure.
Forcement : rajout de voitures supplémentaires lors de périodes d'affluence.
Fret : nom actuel donné au transport des marchandises.
Gare : nom emprunté à la batellerie qui désigne le bâtiment et les installations destinés aux voyageurs.
ICE : Inter City Express, train à grande vitesse allemand.
Intercity : nom donné à certains trains rapides intervilles en service intérieur.

Ci-dessous. Un poste d'aiguillage en gare de Lauterbourg avec signalisation type Alsace-Lorraine.

Jumelage : circulation de deux locomotives ou deux autorails attelés ensemble mais avec un conducteur par engin de traction.
Livrée : coloris et peintures appliqués aux véhicules ferroviaires.
Locotracteur : engin de traction diesel destiné aux manœuvres ou à la remorque de trains légers.
Pantographe : bras conducteur placé sur le toit d'une locomotive électrique qui transmet le courant aux moteurs de traction par le truchement de l'archet frottant sur la caténaire.
Parc : désigne les matériels affectés à un dépôt ou à une compagnie ferroviaire.
Pendulation : technique d'inclinaison des caisses permettant des vitesses accrues sur des lignes classiques.
Plate-forme : surface supérieure d'un remblai supportant le ballast d'une voie ferrée.
Pousse : opération de soutien assuré par une locomotive placée en queue de convoi sur les fortes pentes ; lorsque la machine est attelée, on dit « pousse attelée ».
Radiation : réforme et mise hors service des engins ferroviaires.
Rames tractées : trains classiques composés d'une locomotive et de voitures.
Relation : appellation employée pour désigner une liaison ferroviaire entre deux gares ou deux pays.
Réversibilité : circulation d'un train avec une locomotive en bout poussant le train avec à l'autre extrémité une voiture pilote où officie le mécanicien ou conducteur.
Roulement : service d'un véhicule moteur ou tracté.
Sous-station : ensemble des appareils de transformation ou de distribution de l'alimentation d'un réseau électrique.
Tender : véhicule couplé à une locomotive à vapeur transportant le combustible et l'eau.
TER : train express régional en France.
TGV : Train à grande vitesse.
Train complet : train de fret composé d'un seul type de marchandise et ayant une seule destination d'acheminement.
Tranche : nom donné à une partie d'un train de voyageurs à destinations multiples ou ayant une autre destination que celle du train qui l'achemine.
Trans-Europ-Express : train rapide de 1re classe en service international ou national.
Triage : installation ferroviaire où sont triés les wagons de marchandises.
Turbotrain : automoteur mu par une turbine à gaz.
Unité multiple : deux locomotives tractant un train avec un seul mécanicien à bord de la première donnant les ordres de commandes aux deux machines
Voiture : véhicule ferroviaire destiné au transport des voyageurs.
Wagon : véhicule ferroviaire destiné au transport des marchandises.
Wagon isolé : terme employé pour définir un wagon circulant dans un convoi à destinations multiples.

Ci-dessous. Remorqué par une locomotive électrique série 240 de la compagnie slovaque ZSR, ce train de fret arrive en gare de Bratislava.

Ci-dessus. **En provenance de Luxembourg, ce train rapide composé de voitures Corail approche de la capitale française, terme du voyage.**

BIBLIOGRAPHIE

- *Trains à Grande Vitesse dans le monde* (A. Papazian/ETAI)
- *Trains de légende* (A. Papazian/Massin)
- *Trains de caractère en France* (A. Papazian/Massin)
- *Trains de montagne* (A. Papazian-Ch. Deny/Massin)
- *Les trains célèbres* (A. Papazian/ETAI)
- *Voitures et Wagons* (A. Papazian/ETAI)
- *Locomotives et Automotrices* (A. Papazian/ETAI)
- *100 trains de légende* (A. Papazian/Solar)
- *Albert Brenet, une vie, une œuvre* (T. Favre/Gallimard)
- *Le grand livre du TGV* (J. Tricoire-C. Soulié/LVDR)
- *Un siècle de métro en 14 lignes* (J. Tricoire/LVDR)
- *Les Grands Trains* (C. Lamming/Larousse)

REMERCIEMENTS

L'auteur tient à remercier son épouse, Liliane, pour sa collaboration efficace lors des différentes étapes de la rédaction et de la finition de cet ouvrage.

Il adresse ses plus vifs remerciements à Christian Deny, de l'agence de presse Cassiopéa Imagine pour son aide précieuse, à Michel Destombes pour ses conseils avertis et sa participation à l'iconographie et à Philippe Mirville de la Direction de la Communication de la SNCF.

Sont aussi concernés par ces remerciements, MM. Pascal Letzelter, Camille Bruneau, Alby Glatt, Thierry Favre, Clive Lamming, Jean Tricoire, Daniel Ponroy, Harald Marincig, directeur du Musée des Tramways de Vienne, et Jean-Marc Combe du Musée Français du Chemin de fer à Mulhouse.

L'auteur remercie également l'Agence de Textes et Images Edelweiss pour son aide efficace dans le choix de l'iconographie accompagnant cet ouvrage.

Il adresse un salut amical à toutes les associations, clubs et organismes divers qui participent à la préservation de matériels ferroviaires historiques comme le Club 760 en Autriche ou l'AJECTA en France et à tous les chemins de fer touristiques qui entretiennent avec brio la notion de patrimoine ferroviaire.

Merci également à tous ceux qui ont apporté leur concours à la réalisation de cet ouvrage, les services de presse des compagnies ferroviaires, des constructeurs et des associations.

Ci-dessous. **Une automotrice à deux caisses sur trois bogies, datant de 2001 et appartenant à DB Regio, assure une relation Reutte (Autriche)-Garmisch-Partenkirchen (Allemagne) ; elle vient de quitter Lähn (Autriche).**

TABLE des MATIERES

Éditeur : Christian Ryo
Conception graphique et mise en pages : Brigitte Racine
Photogravure : Nord Compo, à Villeneuve d'Ascq (59)
Impression : Pollina s.a., 85400 Luçon - n° L97599

ISBN 2 7373 3463 2- N° d'éditeur : 4700.01.07.10.05
Dépôt légal : octobre 2005. Imprimé en France.